伊斯兰文化小丛书

伊斯兰教育与科学
YISILAN JIAOYU YU KEXUE

周国黎 \ 著

中国社会科学出版社

图书在版编目（CIP）数据

伊斯兰教育与科学/周国黎著.—北京：中国社会科学出版社，1994.11（2013.1重印）

（伊斯兰文化小丛书）

ISBN 978-7-5004-1481-0

Ⅰ.伊… Ⅱ.周… Ⅲ.伊斯兰教-关系-科学技术-研究 Ⅳ.B968

中国版本图书馆CIP数据核字（2008）第190040号

出版策划	任　明
特邀编辑	成　树
责任校对	安　然
封面设计	卓　尔
技术编辑	张汉林

出版发行	中国社会科学出版社		
社　　址	北京鼓楼西大街甲158号	邮　编	100720
电　　话	010-84029450（邮购）		
网　　址	http://www.csspw.cn		
经　　销	新华书店		
印刷装订	北京兴怀印刷厂		
版　　次	1994年11月第1版	印　次	2013年1月第3次印刷
开　　本	787×1092　1/32		
印　　张	4.25		
字　　数	72千字		
定　　价	12.80元		

凡购买中国社会科学出版社图书，如有质量问题请与本社发行部联系调换

版权所有　侵权必究

《伊斯兰文化小丛书》
编辑委员会

主　编：吴云贵　秦惠彬　周燮藩
编　委：(按姓氏笔画排列)
　　　　马忠杰　王怀德　冯今源
　　　　李兴华　余振贵　杨永昌
　　　　金宜久　郑文林　周用宜
　　　　高中毅　黄燕生

编者献辞

三十年来，在改革开放的热潮中，我国学术界迎来了企盼已久的春光，相继出版了大量的多学科、不同层次的著作，为读者们提供了可贵的精神食粮，受到了欢迎和赞赏。然而相比之下，宗教读物尤其是有关伊斯兰教的著作，在我国文化市场上依然少见，难以满足读者的需求。为此，我们再次向读者推出这套通俗性的宗教知识读物，为我国文化事业百花园奉献一束小花，愿读者在涉猎中获得心灵上的启迪、情趣上的满足。

作为世界三大宗教之一的伊斯兰教，流传广泛，经久不衰，迄今仍影响着数以亿计的世界广大人口；千姿百态的伊斯兰文化源远流长、根深叶茂，对人类文明作出过巨大的贡献。作为一种文明方式，其相关研究不论在东方穆斯林世界还是在西方基督教世界，均已达到空前的规模，成为人类文化研究的重要区域，引起高度的重视。如今改革开放的大潮早已把国人推出家门、涌向世界，汇入人类文化的海洋；我国人民同发展中的伊斯兰国家的交往愈益增多，遍及政治、经济、外交、文教各个领域，甚至在看似无关的经贸交易、投资活动中也同样蕴含着包括宗教传统在内的文化因素，潜移默化地影响着人们的思想观念、经济决策、经济行为。这些都提示国人增强文化意识，涉猎国际文化知识，加深对伊斯兰文化的理解。

伊斯兰教步入华夏大地已有千余年之久，她已在这里生根，开花，结果。我国的回、维吾尔、哈萨克、柯尔克孜、塔吉克、乌兹别克、塔塔尔、东乡、撒拉、保安等10个民族几乎全民信仰伊斯兰教，中国伊斯兰教早已不再是异质的外域文化，而成为中华民族传统文化的一部分。饱受"十年动乱"之苦的我国各族人民珍视来之不易的安定团结局面，国家长治久安的大计更把各族人民兄弟般的团结提高到政治原则高度。而欲维护和加强民族团结，除了政治方向的一致性而外，不同民族之间还需要有心灵、情感、文化上的理解、交流、沟通，这也要求我们加深对作为我国少数民族文化传统一部分的伊斯兰文化的理解和尊重，以增强中华民族的内聚力，共同致力于国家现代化建设。

若本丛书能使读者开卷有益，能使读者拓宽视野、增进知识、奋发向上，我们将感到无限的欣慰。我们也热诚地欢迎读者对本丛书提出批评与建议。

《伊斯兰文化小丛书》编委会
2008年8月30日

前　　言

在伊斯兰文明的诸多领域中，教育与科学始终占有举足轻重的地位。宗教教育不仅是伊斯兰教传播的重要手段，也是穆斯林修身和培育后代的主要途径。在穆斯林看来，教育的目的不仅在于传授知识，更重要的还在于培育人的精神、灵魂和品性。因此，穆斯林历来对教育极为重视，将其视为具有切身利益的日常生活内容，伊斯兰教育的公益事业也往往为穆斯林民众自发兴办。而伊斯兰科学构成伊斯兰文明的重要领域，也是伊斯兰教育的重要内容，特别是在近现代教育的发展中，教育与科学的关系更加密切。

按照伊斯兰教的观点，《古兰经》是纳集人类全部智慧的宝库，它包容一切并指导一切，由此形成了以伊斯兰教为共同特征的包罗万象的伊斯兰文明。所以在穆斯林看来，伊斯兰教育与科学发展的基础便是

《古兰经》。不言而喻，伊斯兰教育与科学的宗教意义也正在于此。

就伊斯兰教育的发展而言，教育是主体，而它的宗教意义所反映的则是其特征方面。伴随着伊斯兰总体文明的发展，伊斯兰教育的主体与宗教特征的关系，自然也要发生相应的变化，由此导致其历史发展的阶段性特征，分别形成传统教育、近代教育和现代教育。

目 录

前言 …………………………………………（1）

一、传统伊斯兰教育 ………………………（1）
    1. 教育体制 ……………………………（2）
    2. 教育理论 ……………………………（9）
    3. 教育方法 ……………………………（15）
    4. 什叶派的宗教教育 …………………（18）
    5. 中国的经堂教育 ……………………（24）

二、近代伊斯兰教育 ………………………（27）
    1. 埃及的近代教育 ……………………（28）
    2. 其他主要伊斯兰国家的近代教育 …（37）
    3. 现代主义与教育改革 ………………（44）

三、现代伊斯兰教育 …………………… (56)
1. 土耳其 ……………………………… (57)
2. 埃及 ………………………………… (59)
3. 伊朗 ………………………………… (62)
4. 巴基斯坦 …………………………… (66)
5. 印度尼西亚 ………………………… (69)
6. 摩洛哥 ……………………………… (71)

四、伊斯兰科学 ………………………… (76)
1. 伊斯兰科学的起源 ………………… (76)
2. 自然宇宙观 ………………………… (81)
3. 理论科学 …………………………… (99)
4. 应用科学 …………………………… (111)

后记 ……………………………………… (126)

一、传统伊斯兰教育

传统伊斯兰教育是在9世纪伊斯兰教思想体系形成之后才逐渐产生的。在传统伊斯兰教育中,宗教对教育的影响反映在各个方面,主要包括教学内容、教学理论、教学体制和教学方法。显然,传统伊斯兰教育具有浓厚而鲜明的宗教特色。

传统伊斯兰教育的宗教特征,首先表现在伊斯兰教思想体系的形成导致传统教育的产生;其次表现在伊斯兰教思想体系决定着传统教育的内容和形式,并制约其发展历程。伊斯兰教在其初期,曾吸收了古希腊、波斯、印度等多种古老文明的成果。然而,对伊斯兰教思想体系影响至深的外来因素,莫过于古希腊的哲学和科学。在外来文化影响下,伊斯兰教思想体系于9世纪渐趋成熟。在长达一个多世纪的过程中,伊斯兰教不仅产生了正统的教义学，构成伊斯兰教思想体系的主干，还形成了独特的、宗教与哲学兼容并蓄的部分，即伊斯兰神秘主义或苏非主义。尽管苏非主义是伊斯兰教思想体系的支流，但它对正统的教义学曾给予很大影响。另外还有一小部分内容则是属哲学范围。早期的伊斯兰教思想体系，便是由正统的教义学、苏非神秘主义和哲学这三部分构成。其中，正统的教义学占主导地位，苏非神秘主义亦被普遍接受，只有哲学受到冷落，它们之间从未能协调一致。伊斯兰教思想体系的这种特征，深深地影响着伊斯兰教传统教育的内容和形式。

1. 教育体制

伊斯兰教育的根本目的，是在伊斯兰教信仰和伦理规范的基础上造就有德性的人。这种传统的教育体制，既重视培养个人的美德，又兼顾到社会对人才的需求。著名的社会学家麦克斯·韦伯曾将教育划分为三类。一是"超凡教育"，旨在唤起"宗教的灵感，使受教育者进入超凡脱俗、内省体验的境界"，它主要关注的是人的内在精神的完美；二是意在培养绅

一、传统伊斯兰教育

士、达官贵人的文化教育，它尤为看重社会的名誉、地位；三是专长教育，以培训各种技能和手艺专长为目的。伊斯兰教育体制则将这三类教育融为一体，强调心灵的净化、内心的诚信、身体的力行，同时要求个人掌握某种专业技能，献身于主道和社会公益事业。

传统的伊斯兰教育机构主要有三种，即马克塔布（maktab）、马德拉萨（madrash）和清真寺。马克塔布一般也被称作经文学校，相当于小学。马德拉萨是比马克塔布高一级的学校，相当于中学，属中等教育机构。而清真寺则是伊斯兰教育体制中水平最高、规模最大的教育场所，后来发展为穆斯林的大学，如驰名世界的埃及的艾资哈尔大学。在伊斯兰世界的很多地区，马德拉萨和清真寺这两种教育机构往往合并在一起，也就是说，中学和大学课程在同一所学校中相继完成。如艾资哈尔大学和摩洛哥的凯鲁万大学，都是以清真寺为教学场所的学校，它们最初也称作马德拉萨。

伊斯兰教育的早期形态是家庭教育。家长在宗教、语言、文化及社会习俗等方面，对孩子言传身教。之后孩子便去马克塔布念书，学习认读和背诵《古兰经》。马克塔布实为经文学校，以《古兰经》

3

为主课,要求学童不仅要学会念,还要会背诵某些指定的简短经文。此外,还要学习语文、写作和算术,在有些穆斯林国家还要学习阿拉伯语,以便加深对经文的理解。但大量的学习内容是以死记硬背为主,而不注重理解。马克塔布的经文教育,不仅使学生从宗教信仰角度了解人生、社会和文明的意义,还要引导他们逐渐掌握语言工具和文化知识,寓宗教常识于文化课程之中,使得读写认字的文化学习成为一种宗教意识的启蒙教育。这种宗教意识的灌输与文化知识学习相结合的教学方式,在传统教育中甚为普遍。一般认为,送孩子上马克塔布念书,这是作父母应尽的义务,而不是国家的责任。在伊斯兰教最初的400年间,马克塔布是穆斯林社会的主要教育机构。

马德拉萨初具规模是在10世纪左右。一般的马德拉萨有一二百名学生,而大的马德拉萨实为大学,如摩洛哥非斯的凯鲁万大学已有1100多年的历史,开罗的艾资哈尔大学也是1000年前创立的,后来成了逊尼派穆斯林的最高学府。还有什叶派的纳杰夫(今伊拉克境内)的马德拉萨,是大约900多年前创办的。马德拉萨一词,意思是"上课场所",它大多与清真寺建筑相连。一些著名的穆斯林大学,既是学校又是清真寺,生动地展现了伊斯兰传统教育的宗教

一、传统伊斯兰教育

色彩。马德拉萨一般是以宗教学科为主课，包括《古兰经》注释、圣训学、教法学、教义学等。此外，还设有阿拉伯语、逻辑学、数学、自然科学和哲学等学科。特别是波斯的马德拉萨，至今还在教授传统哲学，数学教学也曾达到很高的水平。不过，有些教学活动特别是自然科学方面的，如医学和天文学，大部分并非在马德拉萨中进行。医学往往在医院里边教学边实践，而天文学往往离不开天文观象台。

清真寺与伊斯兰传统教育关系极为密切，从其产生之日起，它就是穆斯林民众宗教生活、社会生活和知识文化生活的中心。这种枢纽地位，使得穆斯林的教育活动与宗教的和社会的活动融为一体，从而使伊斯兰传统教育具有浓厚的宗教色彩和广泛的社会性。这一特色还影响到校内的师生关系，使之成为一种最密切和最富有宗教色彩的师生关系。教师享有崇高的威望，在伊斯兰世界广为流传这样的格言："一日之师，终生为父。"师生亲密无间的关系，有益于宗教知识的传播和宗教传统的延续。在大多数古老的伊斯兰城市中，清真寺和马德拉萨都是建筑艺术的精品，不仅造型精美，而且环境也都很优雅。之所以如此，不仅因为这里是宗教礼拜的场所，也是伊斯兰传统教育的场所，而伊斯兰教的知识传统与神圣的真主启示则是密不可分的。

对伊斯兰教传统教育影响至深的另一种教育机构是苏非活动中心,它在阿拉伯世界称为扎维亚(zāwiyah,阿文音译,下同),在波斯、印度和土耳其称为汗那卡(khānaqāh),奥斯曼帝国时期的某些苏非中心也称作特科耶(tekye)。这些中心以传授苏非神秘主义宗教知识为主旨。扎维亚的教学规模相当于马克塔布,但教育水平一般要高于马克塔布。苏非主义关注的首先是人的心灵的净化,以最终达到人主合一的最高精神境界,因而把教育视为精神修炼的最重要的途径。此外,苏非主义也注重一种由苏非导师亲自传授宗教知识的导师制度。苏非信徒在导师的指导下,像旅行者一样一步又一步地走完精神修炼的旅程,获得完美的宗教知识,达到高尚的精神境界。这种知识尽管是属于超验的宗教知识,但它也具有宇宙论和心理学方面的内容。不仅如此,苏非主义还往往用最高品位的文学形式——诗歌,来表达其超验的教义信仰和心灵体验的旅程,因此苏非道堂也常常是艺术教育的场所。

苏非教育在伊斯兰教传统教育中具有举足轻重的地位。这首先是因为苏非主义者渴望实现个人在精神上与真主的沟通,获得关于真主的真知。为此,他们

一、传统伊斯兰教育

一方面要靠个人的努力，但更重要的是要靠导师在精神上的指点，以防误入迷津。这使得苏非导师在教学活动中更显勤奋专注。可以说，几乎所有著名的苏非导师，同时也是知名的宗教教育家。而苏非信徒逐渐又以导师为核心组织起来，形成苏非教团，其成员来自社会各界，以后逐渐在行会中发展壮大。在所有苏非教团中，精神与道德方面的教育是苏非教育体制的核心。苏非教育之所以在传统教育中占有重要的地位，还在于13世纪以后伊斯兰教的正统教育因哈里发制度的解体而渐趋衰落，而由苏非教育取而代之，使伊斯兰教的传统教育得以继续生存和发展。

苏非主义产生于穆斯林个人在精神上与安拉直接交往的欲求。苏非信徒也被称作"苦行僧"，早期的苦行僧信仰虔诚，沉思静祷，热衷于传播神秘主义和泛神论知识，对正统的宗教思想曾给予了很大冲击。13世纪下半叶，由于游牧民族蒙古铁骑西侵，巴格达的阿巴斯王朝覆灭，哈里发制度解体，随之制度化的"官方"伊斯兰教失去政治庇护，正统伊斯兰教育也因之受到巨大冲击。然而，这一历史剧变为苏非神秘主义的发展提供了契机，结果神秘主义的苏非导师承担起伊斯兰教教育的历史使命。各地的苏非导师成为一般信徒的精神领袖，威望日增。他们以收徒、布道的方式，向信徒传授宗教文化知识，指导人们日常的宗教生活，成为维护宗教信仰的一支重要力量。苏非宗教教育有两个层面。一是实践层面，以导师言传身教的方式使弟子掌握复杂的修炼方式，达到净化心灵，近主、知主、认主的最高精神境界；一是理论层面，以讲道、著述的方式来阐述苏非神秘主义的宇宙观、知识论、认主学，创建了一种不同的宗教信仰体系。所以，苏非道堂既是苏非信徒精神修炼的场所，也是伊斯兰教传统教育的一种形式。

在当今的伊朗，至今还保留着一种由个人施教的教学组织，一般称作"校外课堂"。听课的学生经过严格的挑选，学习的科目也是非同寻常的，其中包括自14世纪起在阿拉伯世界的大部分国家已不再教授的伊斯兰哲学。在伊朗，哲学教育之所以没有中断，与这种"校外课堂"的作用不无关系。

此外，与医学、天文学以及与工艺美术有关的应用学科，也是伊斯兰传统教育的重要内容。伊斯兰传统教育不仅重视穆斯林的宗教和文化生活需求，也有满足社会物质生活需求的一面。比如，伊拉克的巴格达医院，其历史可追溯到9世纪，著名的波斯医学家拉齐（864—924）就是在这所医院里一边行医，一边教学。学医的学生需要接受理论教育和实际操作的培训，在医院里实习一段时间后，他们还要经过考核，最后被授与医生的职业称号。同样，在伊斯兰国家的很多主要的天文观象台中，不仅教授数学和天文学，还教授相关学科如逻辑和哲学。如在历史最悠久的伊朗的马拉盖天文台中，伊朗著名的天文学家、哲学家兼数学家图西，就是一边从事研究，一边从事教学的。在实用工艺教育中，艺徒们或者是经师傅在家中传授，或者是跟师傅在作坊中边干边学。他们不仅学到了地毯编织、砖瓦制造等技艺，还接触到大至宏观宇宙，小至微观世界的科学知识。艺徒们在制作传统工艺品的同时，也塑造了自己的灵魂。他们不仅了解了手头物品的性质，还明白了艺术加工过程中所蕴含的象征意义。

2. 教育理论

传统伊斯兰教育包括传授文化知识和陶冶灵魂两方面的目的性，这也是它与现代世俗教育的主要区别之一。在现代世俗教育尤其是高等教育中，道德说教几乎与传授知识完全脱离。而在传统的伊斯兰教育中，如果只传授知识而忽视育人，那么这种教育便得不到社会的认可。传统上，那种只重视知识而无视德育的教育方式，被认为是极其危险和有害的。波斯诗人萨那伊曾把那种只有学识而无德性的人称作"盗贼"，并直言告诫：假若一个盗贼提灯行窃，他会偷走更多的奇珍异宝。

传统的教育理论的形成与伊斯兰宗教思想的发展息息相关。8世纪至9世纪，随着逊尼派宗教学者阶层的兴起，正统的宗教文化传统教育受到高度重视。教育的主导思想是使学生熟悉经训、教法知识，了解伊斯兰文化传统，用宗教道德规范来约束自己的言行，做一个有文化素养的、虔诚的穆斯林。学者们在向弟子传授知识的过程中，力图把启示知识（《古兰经》）、传述知识（圣训）和推导知识（教法常识）有机地结合在一起，而尤为重视源自经训的基本知识。9世纪以后，随着正统的艾什尔里学派的崛起，理性主义与正统信仰相结合成为教育的主导思想，引进了形而上学、逻辑学、思辨哲学等新学科，教学内容已不限于宗教传统教育。12世纪以后，苏非神秘主义勃起，对宗教教育产生了方向性影响。不同于尤为重视外部行为和理性思辨的正统派和称之为新正统派的艾什尔里学派，苏非传统教育更加注重信仰的内在精神修炼，主张以直觉体验、心灵感应、净化灵魂

一、传统伊斯兰教育

的方式来完善自我,获取关于真主的神秘知识,实现认主归一的最高精神境界。故苏非神秘主义者反对以理性思辨、逻辑论证为认知方式。教育的目的性开始与社会需求脱节,苏非信徒们以规避俗事俗物为荣,蔑视尘世间的物欲追求,带有消极遁世、洁身自好的思想倾向。

传统教育理论的代表人物,当首推伊斯兰教权威大师安萨里(1058—1111)。安萨里是中世纪伊斯兰教最杰出的教义学家、哲学家。早年他曾受过神秘主义教育,后拜很多有学问的先生为师,并很快学有所成,于而立之年执教于塞尔柱王朝的著名学府——尼札姆大学。但后来他像历史上的很多贤人圣哲一样,因看不惯世间的虚荣浮华,更不满于艾什尔里学派的宗教思想在教育领域的正统地位,4年后因信仰危机导致意识和语言障碍。后来他毅然弃职出走,披上神秘主义苦行僧的袈裟,去麦加朝觐,在游历了耶路撒冷、大马士革、麦加、麦地那等地后开始重新思考、研究宗教信仰和哲学问题,特别是关于神秘主义的基础问题。他在一部自传中曾坦露,他试图探求各种知识"隐秘的内在含义和终极目标",探寻各种不同教义思想的"神秘基础"。他认为,"根本的真理"和精神的满足,可以在苏非神秘主义者的内心信仰中获得。他集宗教教义、神秘主义和宗教伦理于一体，以此来重新认识伊斯兰教传统。安萨里的这种认识，既不是靠感性知识，亦非靠逻辑论证或纯粹的理性推断，而是通过神秘的直觉体验获得。安萨里认为，获取宗教信仰知识的渠道有两条：一是靠自身的精神修炼和身体的力行；二是靠真主启示的引导，而天启远远高于人的理智。安萨里的教育思想尤为注重宗教神秘体验，但也并非绝对否认理性思维、逻辑论证、经验观察的作用。晚年他在《哲学家的毁灭》、《伊斯兰宗教学科的复苏》等著作中关于宗教、哲学的论述，也是他的宗教教育思想的集中体现。安萨里认为，宗教信仰包括内心信仰和外部行为两部分，它们相辅相成、不可偏废。以往的逊尼四大教法学派拘泥于外部行为，忽视内心的诚信，而艾什尔里学派忽视信仰的内在精神，企图以哲学思辨和逻辑论证来认知信仰，它们皆不可取。安萨里进而提出，知识与信仰属于不同的领域，"知"是理性的领域，而"信"是心灵的领域，二者不能互相替代；理性的权威只限于知识领域，而在信仰领域毫无地位。出自于对人的感性知识和理性知识的怀疑，安萨里主张必须把信仰还原为心灵的活动，而把理性禁束于知识领域。对于前者，应当以主命为出发点，从体验自我开始，通过心灵感应、内心诚信来认知真主；对于后者，应当把理性看作框正信仰的工具，用以教化误入迷途的一般信众，但要像医生开有毒性的烈性药一样，使用时要慎而又慎。他还认为，为了恢复"正信"的地位，必须对一般信众强化宗教教育，使之了解基本信仰而不必理解信仰；他晚年撰写的《穆斯林大众信纲》，便是为此目的而编写的便于背诵、记忆的宗教读物。

安萨里不仅以其宗教神秘主义思想极大地丰富了传统教育的基础理论，还提出过一些具体的教学方法。譬如，他曾告诫学生不要贪图物质享受，以免玩物丧志、不思进取。他还建议小学生要多参加体育活动，反对家长逼孩子闭门读书，认为这会造成孩子心灵迟钝，智力发育不健全。他建议，放学后应允许学童玩耍，以不累为限。而对年龄稍大的学生，则可让他们骑马、打猎，参加诗歌朗诵等课外活动。苏非神秘主义曾深深影响了穆斯林的师生关系。在传统教育中，师生关系是一种超物质的、精神性的关系。曾有过这样的传统说法：父亲给予你躯体和容貌，而先生赋予你灵魂和精神；父亲把你养大成人，育你成才，使你在有限的今生得以自立谋生，而先生用知识和智慧哺育了你的灵魂，把你引向永恒圣洁的精神境界。

另一位对传统教育理论有过突出建树的人物，是著名历史学家伊本·赫勒敦（1332—1406）。伊本·赫勒敦是突尼斯人，他的历史哲学著作中有丰富的教育思想。美国著名的教育家约翰·杜威对教育与社会的关系曾作过精辟的论述。他认为，教育应具有社会实用价值，教育的目的就是要使孩子们能适应未来参与社会的需求。伊本·赫勒敦也曾指出过教育的社会意义。他曾就教育的社会性、实用性发表过颇有见地的观点，明确指出教育也是一种社会现象、一种社会职业，它与城市市民的技艺培训和日常生活需求关系愈益密切，而不限于人们的宗教生活。他在《历史绪论》中从历史发展的观点，对教育的社会功能作过深入的分析，指出教育水平的高低直接关系到人类社会的兴衰。伊本·赫勒敦曾以巴格达、库法和巴士拉等文化名城为例，说明伊斯兰教初期这些城市文化教育的迅猛发展，是与商业、手工业的兴起密切相关，是社会物质文明发展的必然结果。他还认为，教育应该使人们学会适应社会环境的能力。人类是社会性的生灵，人类的教育事业受人类的文明水平和各种力量的制约，其中包括物质的、知识的和精神的力量。他还强调，人类是一种有理性的动物，而理性科学则是所有学识的基础；理性可帮助人们在学习过程中获得规律性的认识，明白不同概念间的相互关系。

如同安萨里一样，伊本·赫勒敦认为，人的理性作为认知工具也是有局限性的，当理性无能为力时，最终还要诉诸不谬的天启。

伊本·赫勒敦主张因人施教，掌握知识应按部就班，循序渐进。他还提倡去外地游学，以便向不同的老师求教，扩大视野，增长见识。在伊本·赫勒敦的故乡突尼斯，当时的小学教师除了要教授《古兰经》、阿拉伯文和诗歌外，还教书法和写信。那时书法课是副科，但教授《古兰经》和圣训都是用书法形式。伊本·赫勒敦主张，初学者的入门学习，不应从深奥难懂的经文教育开始，而应先学阿拉伯文和诗歌，接着学算术，最后再学《古兰经》。

3. 教育方法

早期的伊斯兰教育以口授为主要教学方式。教学的基本内容是《古兰经》和圣训，由老师背诵经文、口述经注，要求学生死记硬背，以师生问答的方式进行口头教学。穆斯林家庭的女孩子，一般是在家里接受口授教育。口授教育在伊斯兰传统工艺教育中一直发挥着重要作用。许多穆斯林的建筑师，都是通过师

伊斯兰教育与科学

傅口授的方式学会建筑技艺的。穆斯林各民族的很多传统艺术，也是通过口授方式世代相传而绵延至今。人们惊奇地发现，有些所谓"没有文化的"（实为无文字表达能力）穆斯林，却具有惊人的书本知识，这足以表明这种口授教育的奇异功效。

穆斯林的经文学校，不论是马克塔布还是马德拉萨，都无等级之分。不同年龄和不同智力水平的学生，并肩坐在同一教室里听课，共同参加课外活动。有才能的和勤奋的学生，可以自己掌握学习进度，没有硬性的课程安排和学习期限。这样，程度不同的学生坐在一起上课，聪明的学生便可使迟钝的学生受到启发，互相取长补短，共同进步。在课堂上，老师一般依柱而坐，学生们则排成半圆形围绕教师席地而坐。当老师结束讲课，说声"安拉无所不知"后，学生们不论年龄大小便自动靠拢老师吻其右手，以表敬意。接下来由一位得意门生复述老师所讲的内容，以便加深记忆，帮助那些仍未掌握要点的同学进一步理解。课堂上学生可以随时提问，然后由老师作答。很多学生便是以这种提问方式来充实和表现自己，进而成为老师的得力助手。

穆斯林传统学校一般没有入学年龄的限制，不论年龄多大，都可入学，来者不拒，去者自由，没有强

一、传统伊斯兰教育

制性规定。学生一旦觉得学有所成，就可以到高一层的学校深造。这类传统学校从早到晚整天开放，便于那些在职的或有家务负担的成年人学习知识。传统的穆斯林学校也没有正式的考试制度，学业结束后也没什么毕业证书，学生成绩和知识水准由教师评估。这类学校也没有学习年限，少则数年，多则10余年，有的甚至是学大半辈子。学有所成固然重要，但学而未成也未必会成为社会的负担。

传统学校对成年入学者没有硬性的要求，但对学童则有严格的规定和纪律约束。纪律约束不仅是为了督促学生，也是教学方式的需要，因为学生在课堂上要背诵大量经文，齐声背诵需要有步调一致的纪律。

在穆斯林的日常生活中，很多义务和责任是靠穆斯林个人的宗教意识和社会习惯，而非国家的介入得以实现的。送孩子上学念书，穆斯林视为作父母应尽的义务而非国家的责任。同样，教师教书育人也被认为是一种宗教义务。在伊斯兰教育初期，教师一般是不收学费的。随着教育的发展，后来教法学家们找到了一种合法的收费办法。在马克塔布这种初级学校中，学生直接向老师交学费是受限制的，在有条件集资的地方才允许向老师交付学费。在马德拉萨和清真寺这类高层次的教育机构中，教师往往会得到国家或富人的大量赞助。这样，教师的生活便有了保障，甚至可以外出漫游讲学，而不必担心旅途上的衣食住行。教师虽为师长，也时常不耻下问，尤其是在游学中更是到处拜师求学。在穆斯林探求知识的活动中，形成了能者为师和活到老、学到老的优良学风。教师不仅在课堂上向学生传授知识，平时也应当是善行义举的楷模，其言行举止、人生态度都将对弟子产生深远的影响；对穆斯林社会来说，教师不只是一种谋生的职业，也是德性完美的典范，伊斯兰学者阶层又是宗教信仰的监护人、宗教道德的弘扬者，他们通过收徒、布道、教学等方式，与下层民众保持着密切的联系，受到世人的尊敬。

4. 什叶派的宗教教育

早期什叶派的宗教教育，从体制方法都与逊尼派没有多大区别。其教派特征主要是学习伊玛目传述的圣训，否认某些逊尼派圣训的合法性。随着什叶派的圣训集、《古兰经》注释、教法学等权威著作的完成，其教育内容的教派特征就更为明显，各学科都要为伊玛目学说服务。

一、传统伊斯兰教育

9世纪中叶后兴起的伊斯玛仪派,通过秘密组织的传道活动,在北非建立了法蒂玛王朝。法蒂玛为了与阿巴斯王朝争夺伊斯兰世界的领导权,建立艾资哈尔大学培养传道师(达伊)。这种将教育机构用作政治—宗教斗争工具的做法,对于伊斯兰教育的发展产生很大影响。逊尼派的统治者,如塞尔柱王朝、阿尤布王朝也用政治权力支持教育机构,确立官方的正统教义和教法学,并批判其他教派。但对传统的教育体制并未产生多大影响。

16世纪萨法维王朝建立后,十二伊玛目派被定为国教。为了建立宗教体制以指导民众的宗教生活,统治者从巴林、黎巴嫩等地引进什叶派宗教学者,在各地兴办宗教学校,逐步在伊朗形成全国性的什叶派宗教教育体制。

在初期,由于所授知识非常有限,宗教学者和教师承担了信徒的宗教教育和普通教育。在马克塔布除学《古兰经》、圣训、教法基础外,还向学生教授读写识字、算术。马德拉萨的学生还学波斯文学和语法等,以培养教职人员和宗教学者为主。根据什叶派教法关于伊智提哈德(独立判断)的观念,学校教育非常重视学生运用伊智提哈德的能力。

在校学习一般分为三个时期:预备期、专门期和最高期。前两个时期有大致的期限，最后一个时期没有时间限制。预备期的教学一般为 18 个月，要求学习阿拉伯语语法、修辞、逻辑、译成波斯文诗体的阿拉伯语格言，以及宗教学者的基础著作。专门期分两个阶段。第一阶段要进一步提高阿拉伯语语法、语言学、逻辑学、修辞学、教法学和教义学知识，阅读什叶派宗教学者有关这些学科的著作。第二阶段则专门学习《古兰经》注释、圣训、伊斯兰教伦理和教法学。

学习方法不单纯是背诵。讲课大多以讨论的方式进行，教师不作武断的结论；相反，师生之间在对话的方式中可以争论和反驳。在这样的争论中，还鼓励学生对他们感兴趣的课题作深入讨论。学校还根据学生理解程度或兴趣的不同编班。一般情况下，班里的学生一起准备功课，然后由一名学生高声诵读课文，其他学生对读的每个词句和话题进行争辩，诵读者应当尽力解答最复杂的问题。这样，他们就能提高批判能力。他们并不放过任何细节，以培养博闻广记，在辩论时对对方提出的论据迅速作出反应。

专门期的学习有的 3 年，有的 6 年。学习结束后，学生就可成为伊朗各城市和农村清真寺的毛拉。也可以继续进入最高期的学习。

在最高期，学生可以自由选择就学的班组；在教师中自由选择自己的老师，甚至可以选择自己愿意仿效的学生为教师；可自由选择学习地点，如宗教大学、清真寺或教师的家里。一名学生的才能和学识若能引起教师和同学的注意，他在学圈中就会有追随者。这种研究式的学习通常不举行考试。一名学生对一部著作研究完后，若教师让他在班上诵读和转述其中的内容，就意味着他对这部著作或这门学科的学习已获通过。

最高期的教学内容是教法学、教义学、哲学和文学。学完这些课程后，开始"伊智提哈德"的专门训练。只有非常少的出类拔萃者才能进入专业学习。学习以讲课为主，讲课者都是著名的穆智台希德（高级宗教学者），讲课中详尽地分析教义和教法原理。

最高期的学员都已学有所长、卓有声望，他们学习的目的是达到穆智台希德一级。一位学者如已达到穆智台希德水平，但尚未得到公认，那他仍要追随一位穆智台希德门下，接受他的指导，直至得到公认。什叶派在伊朗的宗教教育，以两方面的影响最为突出。一是乌里玛制度。按照这一约定俗成的制度，低级毛拉只有在著名宗教院校受过系统的教育并取得结业证书，才能取得高级宗教学者的称号。久而久之，形成一个等级森严、具有内聚力的宗教学者阶层，成为颇有影响的一支社会力量。二是形成于近代的效仿制度。18世纪以后，随着乌苏勒教法学派的兴起，教法学家社会地位日益提高，只有精通教法学才能晋升为高级宗教学者。而什叶派圣城的宗教学者中的佼佼者，则成为公认的宗教领袖，其决断成为信徒遵循的榜样。在伊朗，对教法的解释主要是通过效仿制度实现的。

传统的宗教教育体制在伊朗社会一直占据主导地位。20世纪30年代后，世俗教育有很大发展，但仍没有完全取代宗教教育。全国各地，即使最偏僻的农村也有宗教学校，而各大城市都有经学院。马什哈德在50年代有12所经学院。库姆有13所经学院，5所宗教研究机构和几座图书馆。自从什叶派领袖布鲁吉尔德定居库姆后，开始取代纳杰夫成为什叶派的宗教中心。有30世纪至40名穆智台希德居住在那里，学生有一万多名，包括一些其他穆斯林国家的留学生。伊拉克的纳杰夫和卡尔巴拉也是什叶派的宗教教育中心，但要靠伊朗什叶派信徒的捐助维持。

在20世纪60年代以后，随着社会的发展，传统的教育方法和教学内容有了变化。一些宗教学者到西方留学，经学院也聘请留学归国的世俗学者开设讲座，用现代观念来阐述伊斯兰教义，使宗教思想适应现代社会的发展。有的经学院还开设新的课程。如哈加尼经学院除传统宗教学科外，还开设英语、自然科学（物理、化学、科普常识）、人文学（心理学、社会学、伊斯兰经济、地理、历史）和宗教学（教义学、宗教史、民族和信仰），并采用通俗教材，吸引了大批高中毕业生，甚至一些持有大学文凭的青年学生也来求学。不过大多数宗教学校仍以传统课程为主，适当增加一些新课程。如道尔·大不里赫经学院，每周课程表的非宗教学科有英语（4学时）、数学（3学时）、心理学（1学时）、哲学（2学时）和体育（2学时）等。

宗教教育从内容到方法的部分改革，使其带有世俗色彩，与社会生活的关系更趋密切。一些世俗家庭出身的学生也被吸引到宗教学校学习，毕业生有了从事其他职业的能力，不都完全从事宗教职业。到60年代以后，伊朗全国的宗教学校学生达到10万名左右。他们中绝大多数来自社会下层或中产阶级家庭。经宗教教育培养的这支学生队伍，信仰虔诚又有良好的纪律，在各方面对宗教集团有着依赖关系。因此，他们是宗教上层与社会各阶层联系的桥梁，宗教思想

伊斯兰教育与科学

与社会思潮融合的中介，在伊朗伊斯兰革命中成为反对国王专制统治的骨干力量。

5. 中国的经堂教育

中国的传统伊斯兰教育一般称作经堂教育。"经堂教育"，又称寺院教育或回文大学，是中国伊斯兰教的一种宗教教育制度。这种教育在清真寺内进行，由阿訇招收学员若干名，传习伊斯兰教的各种经典和功课，以培养适应中国穆斯林的宗教信仰活动需求的人才。它源于阿拉伯和波斯的传统教育，但又具有中国的特色。初具规模的经堂教育，一般认为是始于明代，其创立人是明代著名伊斯兰学者胡登洲（1522—1597）。

早期的经堂教育属私塾式的经学教育，教师在家中招生授徒，学生人数有限。后来发展到在清真寺院内进行经堂教育，规模扩大，教学内容和水平亦相应提高。中国的经堂教育未形成统一的体制，一般为两部制，分为小学部和大学部。但云南的经堂教育则分为三级，包括"大学"、"中学"和"小学"。小学教育主要教授阿拉伯语和初级宗教知识，以诵读

一、传统伊斯兰教育

《古兰经》若干章节为主,另外也学《乜帖》,亦称"杂学",即有关沐浴、礼拜、斋戒等规定例习的礼仪专用祷词。而大学教育即正规的经堂教育,其语言课程除阿拉伯语外,还有波斯语课程,且波斯语的教学比重更大些。宗教课程主要包括认主学、教法学、《古兰经》、圣训等课程。经堂教育读本主要是"十三本经",其中大部分为波斯文本。经堂教育的主要教学方式仍是口授教育。而"经堂语"则是这种口授教学的主要语言表达形式。"经堂语"是中国经堂教育中使用的专用语汇,语汇的内容是伊斯兰教的,而文字表达形式则是汉语。由此形成的汉语是独特专用的。专用,是指专门用于伊斯兰教;独特,则是由于它的很多语汇是源自阿拉伯语和波斯语的汉语音译。"经堂语"是通过经堂教育、特别是口授教育方式,使伊斯兰教在中国得以传播的主要媒介。伴随经堂教育的普及而产生的另一种主要的教学手段是"小儿锦"。"小儿锦",是用阿拉伯字母拼写的汉语拼音文字。这种以阿拉伯文字母为组字元素的汉语拼音表达形式,据说是明代经堂教育产生前后,由于来自阿拉伯的穆斯林后裔往往是会说而不会写汉字,于是便借助"小儿锦"作为"拐棍",给经文作边注、记笔记,用以学习经文。

传统的伊斯兰教育，不论是教育体制还是教学方式，在世界各地都大同小异，这在中国也不例外，因为中国的伊斯兰教育也是源自阿拉伯世界的传统伊斯兰教育。如果说有不同之处的话，那也只是因语言相异而导致教学用语的不同，如上所述的"经堂语"及"小儿锦"。

二、近代伊斯兰教育

近代伊斯兰教育始自19世纪，它是穆斯林社会近代历史发展的产物。伴随着社会体制、社会生活方式的改变，传统的教育体制必然要发生趋同性变化，以适应社会历史发展潮流。近代伊斯兰教育的主要趋势，首先表现为一种由政治、知识精英领导的自上而下的教育改革运动。19世纪初，一些穆斯林国家的统治阶层为加强自身的军事力量，率先发起了以军事教育为主的现代化运动。19世纪下半叶，以伊斯兰现代主义者为代表的穆斯林知识精英，为了复兴伊斯兰教，重建穆斯林社会，又在某些地区发起以引进西方教育思想为主要内容的教育改革运动。在伊斯兰教育现代改革进程中，以埃及最具代表性，它集中体现了穆斯林世界教育的发展趋势。

1. 埃及的近代教育

伊斯兰教育现代化的最初动因并非来自教育本身的需求，而是出自统治阶层富国强兵的政治目的，并以军事教育为现代化的突破口，全盘引进西方的军事教育。率先采取行动的是土耳其。18世纪末，在土耳其苏丹的支持下，在首都伊斯坦布尔创办了两所培养军事工程人员和海军军官的新型军校，雇用法国和瑞典的教官执教，教授土耳其学员使用枪炮兵器，学习军事防御技术及航海方面的军事知识。然而，由于这种新式的教育遭到保守的军方和某些宗教领袖的强烈反对而被迫搁浅，土耳其的苏丹也因此遭废黜。

19世纪初，教育现代化又重新兴起，而以埃及的声势最强。当时，埃及总督穆罕默德·阿里（1805—1848）鉴于法国军队侵占埃及的沉痛历史教训，当政伊始便极为重视国防建设，企图创建一支强大的军队。同伊斯坦布尔的苏丹一样，阿里对建立一支欧洲式的新军极感兴趣，指望通过直接引进西方的军事教育，迅速实现军事现代化的目标。与奥斯曼苏丹不同的是，阿里的革新措施更为激进，没有那么多

二、近代伊斯兰教育

的清规戒律。他在权力范围内最大限度地推进军事教育的现代化。阿里首先意识到人才的培养。为此，他曾聘请意大利和法国的教官，还邀请了少数富有改革经验的土耳其教官来帮助培训军队。与此同时，穆罕默德·阿里还选派留学生去欧洲接受军事培训。最初是单个选送，后来发展到成批派出。1826年，他派出了一个由44名学生组成的庞大的留学生团去法国学习。早在1816年，阿里在开罗的官邸附近曾创办一所新型学校，校舍是由一座城堡改建而成。该校除教授《古兰经》和阿拉伯文课程外，还教授土耳其文、波斯文、意大利文，以及马术、兵器和兵法的运用等实用军事知识。在当时，土耳其语、波斯语和阿拉伯语是有教养的穆斯林需要掌握的语言，而意大利语则是地中海东部国家对外贸易通用的语言。还有一所新型学校也开设在阿里官邸附近，该校专门教授几何和数学，这两门学科与军事教育关系最为密切。在这类早期的新型学校中，学生享受免费供给的衣食，每月还发放一定数额的津贴。专业科目的教员大部分是意大利人，有的还兼任阿里的翻译或土地测量员。

早年埃及初具规模的军校，也是在穆罕默德·阿里执政时期由一批法国军官协助创办的。同时还按照法国的管理方式，建立了一座军火库和一所设有附属医院的医校。以后又相继创办了其他类似的教育机构。为满足教学的需求,1820年在开罗郊区建造了一座印刷厂,印刷军事、医学、文学、宗教等学科的教材,所有这些课本均被译成阿拉伯文和土耳其文。最初曾聘请过叙利亚的基督徒与这些教官一起翻译教材,后来又改换由艾资哈尔大学的教师承担翻译工作。

穆罕默德·阿里发起的军事教育改革不久便初见成效。由他一手创建的埃及新军在镇压瓦哈比运动及在对希腊的战争中,果然身手不凡,表现出很强的战斗力。新型教育的业绩,坚定了穆罕默德·阿里进一步革新教育的信心。后来,由欧洲归国的留学生人数日多,他们被吸收到新的教育机构中来,成为教育改革的骨干力量。新型学校的课程也更加充实,除阿拉伯语、土耳其语、波斯语、法语等语言科目外,还增设了算术、几何、三角、土地测量、物理、射击、兵法、防御工事知识、军事侦察等科目。新型学校的学员,主要来自传统学校的毕业生。为了保证学生来源,国家除采取强制措施外,还辅之以物质鼓励,如发放统一的校服,伙食免费,另有少量津贴。

最初,新型学校由军事部门管理。1837年,该部门经重新组建,成为一个独立的机构,但仍保留军

二、近代伊斯兰教育

事性质。迫于富国强兵的急切需求,建立独立于传统教育体制的新型小学和预科学校成为当务之急。为此,新组建的教育部门制定了一个应急规划。随后在埃及建立了50所小学,在校生达到5500人。学校仍称作马克塔布,课程与传统学校一样,7岁入学,学制分为3年或4年,学生的服装、食宿全部免费,所有学生都在校寄宿,实行准军事管理,每所学校配置一位艾资哈尔大学的谢赫(伊斯兰教长老)出任校长。预科学校有两所,学生总数约2000人,皆是从新建小学的毕业生中选拔出来的。预科学校学制为4年,课程有语文(阿拉伯文、土耳其文、波斯文)、代数、几何、历史、地理、书法和绘画。学校实行严格的军事管理,学生被视为准军事人员。其中有些学生将被送往专业学校深造,如步兵学校、骑兵学校、炮兵学校,以及医校、兽医学校、语言学校等,被培养成为专业人才。随着赴欧归国留学生日渐增多,新型学校的主要教学语言由欧洲语言(如法语等)改为本民族语言。据说国家曾有规定,每一位归国的留学生,都要把自己所学专业的课本译成阿拉伯文或土耳其文。这样,以新知识为内容的课本不再使用欧洲文字,由欧洲留学归国的本国教师,也不再需要用欧洲语言来教书。

近代传统的教育体制在转变的初期阶段也暴露出不少问题。首先,新型教育体制旨在发展军事而非文化教育,其根本目的是为了强化总督的专制统治。穆罕默德·阿里引进欧洲的教官、教材、教育思想和体制,改革埃及的传统教育体制,皆出自实用主义、功利主义目的,缺乏长远考虑。其次,新型教育体制同样忽视对妇女的教育,并造成传统教育与新型教育严重脱节,致使新型专业学校的学生来源难以保障。最后,新型教育体制的创立和运作。主要依赖于穆罕默德·阿里个人的专断,外国教官和教职员也必须服从他的指令。尽管他是埃及的最高统治者,但这种建立在个人意志基础上的体制革新是不牢靠的。历史事态的发展不久便暴露出新体制的问题。几年后,当欧洲列强意识到埃及的强大军事实力后,便联合采取行动,迫使埃及将其军队由25万人裁减到2万人。这样,军事教育的现代化便失去了继续发展的潜力。到1849年,新型学校只残留下了一副空架子,仅剩下3所小学和9所专业学校。穆罕默德·阿里死后,更是每况愈下,新型教育体制几乎名存实亡。但选派学生去欧洲留学仍未中断,只是派往的国家不再仅限于法国,英国、意大利、奥地利和巴伐利亚也有了埃及的留学生。归国留学生有的在仅有的少数新型学校内任

二、近代伊斯兰教育

教，有的则到政府部门任职。新型教育事业的发展再度受挫。

新型教育体制的衰落，使一度被忽视的传统教育得以恢复，但振兴传统教育仍面临着诸多困难。一方面，旧学校培养出来的学生难免受到欧洲思想文化的影响，对传统思想产生怀疑和反感；另一方面，欧洲列强对埃及的控制愈益加强。到19世纪下半叶，在亚历山大、开罗等埃及大城市出现了大批享有种种特权的欧洲侨民，其中主要是法国人、意大利人和希腊人，他们活跃于商业、工业和文教领域。结果，由外侨社团创办的新式学校开始出现，学生主要来自在埃及社会居少数的基督徒家庭。不过，出于各种原因，后来许多的穆斯林也开始赞助这类新型侨民学校了。

伴随着新旧教育体制的交替，一种与之相适应的教育规划，开始在埃及政府的领导人当中酝酿，其力主者当首推阿里·穆巴拉克。穆巴拉克本人便是这种新旧教育体制的产儿。早年接受传统的马克塔布教育之后，他进了由穆罕默德·阿里创办的一所新型学校，1844年又被派送到法国学炮兵技术。归国后供职于埃及政府，曾主管过教育、宗教基金和公共事务部门的工作。1867年，他颁布了首项促进教育现代化的法令。穆巴拉克身居政府要职，便于利用政府的宏观控制机能来推进教育的现代化进程。

　　与此同时,古老的艾资哈尔大学也开始了改革的尝试。1865年,一位新任校长提出了一项详细的教改方案。他对当时学校课程设置狭窄、教学水准不高的状况深感忧虑,力主采取断然的改革措施。但改革遇到巨大阻力,很快便以失败告终,他本人也被解职。然而他的教改规划后来却为更多的人所了解和接受,并在一定范围内得到实施。主要是兴办了两种程度不同的培养文职人员的学校:一种是初等学校,另一种是中央直属学校。初等学校包括公立学校和一些马克塔布,主要分布在地方城镇,受地方官员控制,教学方式是以传统与现代教育相结合。这种改革尝试当然是初步的,但在实施中仍然是困难重重,因为这类学校的校长都是来自传统教育机构的保守派,他们不想仅凭一纸法令而改变其根深蒂固的传统观念。结果,大多数马克塔布对教改措施采取抵制态度。另一类中央直属学校主要分布在一些大城市,直接受政府控制。官方控制的初等学校和中央直属学校,师资条件较好,又直接受政府的督察,便于集中领导,成为推行新型教改规划的场所。这些学校的课程除宗教常识、阿拉伯文和算术外,还设有历史、地理、自然常识、书法和土耳其语(或其他外语)。中央直属学校

二、近代伊斯兰教育

的学生主要来自公立的初等学校和一些马克塔布。入学年龄为 10 岁，学制 5 年。外地学生要在校食宿，学生要穿统一的校服。这类学校也对科普特基督徒的子女开放，并设有基督教课程以满足其对宗教知识的需求。这一举措有利于现行教育体制向国民教育体制的转变，对民族教育事业的发展具有深远的意义。

穆罕默德·阿里时代残存的几所专业学校，仍然雇用外籍教师。这些学校主要是军校、医校、会计学校和测量学校。其教职员多为男性，其中有的是在欧洲受过教育，有的是本校毕业生。但绝大多数都未受过职业教学训练，教学理论水平不高，缺乏教学经验。师资水平偏低的状况在新型的初等和中央直属学校中更为严重，这些学校的教员背景参差不齐，有的完全接受的是传统教育，有的是新旧教育兼而有之，还有很多是来自欧洲，主要教授外语。为解决师资问题，国家于 1872 年创办了一所专门培养教师和政府公职人员的文科学院。学员主要来自艾资哈尔大学预科。同其他专业学校一样，学生经选拔入学，学费和食宿一律免费，外加一定的津贴。教员部分来自艾资哈尔大学，部分来自新型学校的毕业生或自欧洲归来的留学生。前者教授宗教常识和阿拉伯文课程，后者教授数学、物理、化学、历史和地理。教育学理论和实践课程是空白，因为当时院方既未将这些科目列入教学规划，又无这方面的师资力量。尽管如此，该学院培养出来的大批师资力量，不仅缓解了传统学校和新型学校对合格教师的需求，而且大大促进了教师水平的提高。

继穆罕默德·阿里之后，伊斯梅尔是另一位较为开明的埃及总督。在他任职期间，苏伊士运河开凿通航，随之而来的是欧洲列强加紧对埃及的渗透。英国和法国以埃及无力还债为由，迫使埃及接受英法对其公用事业的双重控制。欧洲列强的无理要求，激起了埃及社会各阶层的抗议运动，其中包括政界、宗教界和文化教育界。艾资哈尔大学的很多教员，包括穆罕默德·阿布杜，曾参加了由著名现代主义者阿富汗尼发动的反英运动。在伊斯梅尔之子阿拉比总督支持下，反抗英法的运动愈演愈烈，导致英国自由党政府在1882年发动了侵埃战争，于当年9月攻占埃及。这一历史事件，不仅是埃及近代政治历史上的转折点，也是教育发展史上的转折点。以穆罕默德·阿布杜为代表的现代主义者开始在教育领域展开了广泛的社会改革，从此埃及的教育发展又揭开了新的历史篇章。

2. 其他主要伊斯兰国家的近代教育

（1）沙特阿拉伯

尽管18世纪的瓦哈比运动曾遭到穆罕默德·阿里的残酷镇压，但传统的宗教复兴运动仍是方兴未艾，因为它一直得到沙特王室的保护和支持。在其后的历史进程中，以罕百勒学派为基础的瓦哈比教义成为沙特阿拉伯王国的国教和不容更易的宗教文化传统。由于这种以传统主义为主要特征的宗教思想同当地的社会发展进程相适应，外来的新思想、新观念难以立足。受瓦哈比运动影响，沙特阿拉伯的穆斯林教育从19世纪直至第二次世界大战前，一直是清一色的传统宗教教育。只是在二次大战后，才逐渐引进了新型教育的某些内容和方法，而传统教育仍居主导地位。

（2）伊拉克

伊拉克在很长一段时期内未曾受到新型教育改革的冲击。这不仅是因为欧洲列强未曾在政治上控制伊拉克，也因为伊拉克推行奥斯曼官方的教育现代化改革，要比其他国家晚得多。因此，直到19世纪末，伊拉克几乎没有出现过实质性的教育改革,而依旧保留着传统的宗教教育体制。其中最有代表性的经文学校,是巴格达的以逊尼派著名教法学家阿布·哈尼法命名的马德拉萨。在什叶派居人口多数的地区,如什叶派圣城卡尔巴拉和纳杰夫,学校仍沿袭传统的教育体制,并对其他国家的什叶派穆斯林有很大影响。

(3)叙利亚

叙利亚的近代教育发展进程与其他阿拉伯国家有所不同。它与欧洲的文化联系可以追溯到十字军东征时期(11世纪末—13世纪末),当时黎巴嫩山区的马龙派基督徒便与法国人结盟,从此播下了与欧洲文化交往的种子。18世纪初,马龙派与罗马教皇达成契约,承认教皇的至上权威,为其他基督教少数派树立了仿效的先例。叙利亚从此为天主教的传教活动打开了方便之门,特别是法国的天主教传教团,以宗教教育的形式,大力开展传教活动。以后其他欧洲国家如英国、俄国和希腊,以及美国的各宗派传教组织接踵而至,于19世纪初建立了各宗派的传教教区,其中最大的是希腊的东正教社团。各自的教区都有相应的宗教学校,国家一般很少干涉。由法国天主教会创建的最高学府,是贝鲁特的耶稣会学院(今圣·约瑟大学),而英国—美国新教会的最高学府,则是新

二、近代伊斯兰教育

教学院（今贝鲁特美国大学）。19世纪下半叶，在奥斯曼帝国教育改革运动和西方教会学校的影响下，叙利亚穆斯林的传统宗教教育也开始发生变化。

早在19世纪30年代，叙利亚就创办了一些准军事学校，为叙利亚最早的一批国立新型学校。1869年奥斯曼教育法颁布后，叙利亚又建立了法国模式的新式学校。新教育法规实施后，不仅创办了新式小学和中学，设置了新课程，还将传统学校置于政府的监督之下，并加强了对外国教会学校的控制。新的国立学校是非宗派性质的，向全民开放。实际上，基督徒的子女大多仍在各种教会学校念书，因为教育法并未限定必须到国立学校上学。法国的教会学校大力扶持法语和法国文化教育，忽视阿拉伯语和民族文化的学习，毕业生往往都皈依法国的天主教。而美国的、英国的和俄国的教会学校亦各行其是，它们对叙利亚试图统一宗教、民族和语言的努力起到很大的破坏作用。结果不仅造成信仰冲突和文化混乱，而且导致国民教育体制的失败。总之，叙利亚虽是以穆斯林居民为主的国家，但自近代以来，教育已不再是单一的伊斯兰教育，而呈现多元化的倾向。

（4）马格里布国家

北非的近代教育与中东阿拉伯国家有很大的不

伊斯兰教育与科学

同。法国统治时期,阿尔及利亚曾有过众多的法国侨民,他们开办了很多享有特权的商贸企业,但并未对阿尔及利亚的传统教育构成威胁。法国殖民当局曾长期奉行"维持现状"和"不干预民族信仰"的政策,未实行过重大的社会体制改革。因而,传统的伊斯兰文化在阿尔及利亚仍有广泛影响,传统的穆斯林学校仍占大多数,阿拉伯语和伊斯兰教常识为教学的主要内容。在很多阿尔及利亚的学校中,孩子们每日清晨都要背诵"伊斯兰教是我的宗教,阿拉伯语是我的母语,阿尔及利亚是我的祖国"。

突尼斯在法国占领时期的教育状况,与阿尔及利亚大致相似。伊斯兰传统教育体制,集中体现在宰图那经学院,该院在突尼斯的地位类似于艾资哈尔大学在埃及的地位。19世纪下半叶,伊斯兰现代主义思潮在突尼斯兴起,对传统教育体制产生一定的影响。突尼斯的统治者继奥斯曼苏丹和埃及总督穆罕默德·阿里之后,在突尼斯创办了两所新型学校,一所为军校,另一所是文科学校。这两所学校开设的课程都是新近引进的,并雇用外籍教官任教技术科目和外语。后因财政拮据,半途而废。其后,教育改革运动在海亚尔·帕沙首相(1873—1877年在职)大力支持下再度兴起。他主张将西方科学知识与伊斯兰文化传统

二、近代伊斯兰教育

融为一体，曾创建一所教授欧洲语言的沙迪克学院。此后，"青年突尼斯党人"兴起，亦主张与法国殖民者妥协，于1896年创建伊本·赫勒敦学院，试图用新型教育观点对突尼斯穆斯林进行传统宗教教育。

摩洛哥的教育体制直至19世纪末仍沿袭传统的方式。非斯的凯鲁万清真寺大学如同突尼斯的宰图那经学院一样，是摩洛哥传统教育的最高学府。它的历史甚至比开罗的艾资哈尔大学还要悠久，但名气不及艾资哈尔。19世纪下半叶，伊斯兰现代主义思潮经埃及传入摩洛哥，使传统教育思想发生某些变化。摩洛哥的苏丹为促进教育体制改革，曾选送一些学生去欧洲留学。在现代主义者阿尔。杜卡里（1878—1937）的推动和协助下，凯鲁万大学采取了某些改革措施，增设了自然科学和宗教历史课程。然而，由于摩洛哥的苏丹对宗教改革怀有戒心，摩洛哥的宗教教育仍以传统方式为主，遍布全国各地的新老苏非教团极为活跃，成为向穆斯林大众传授宗教文化知识的重要渠道。

（5）奥斯曼帝国

近代的奥斯曼帝国在内忧外患的双重打击下日趋衰落。为了挽救帝国的危亡，奥斯曼王室中的革新派自18世纪末起，陆续采取诸多改革措施。其中规模最大的一次改革运动，史称"坦吉麦特"运动（1839—1876），其间在改革立法、司法、行政、军事的同时，也提出了教育改革措施。与其他穆斯林国家相比，奥斯曼帝国的教育改革获得了较大的成功。这不仅对土耳其本土，而且对当时仍在其控制下的叙利亚和伊拉克领地也有一定的影响。

奥斯曼教育改革的法律依据，是1869年颁布的教育法，其中规定，7岁以上的儿童必须接受为期4年的初级义务教育。但在当时传统宗教教育盛行的情况下，这一规定实难兑现。为此，该法律中还有另外一项规定，即尽力扩大国家对传统学校的控制，将其置于各地的教育委员会的监督之下。然而让教委会监管不同派别的私立教会学校，则并非轻而易举，监控外国传教机构设立的学校就更加困难。故该项法律另有明文规定：所有学校均不得从事旨在攻击其他合法社团宗教信仰的教学活动。为此，所有外国学校的教师必须到地方教育部门注册，教学计划和教材必须经过当局审查批准。由于各地的社会发展水平不一，教育法在各地的实施效果差异很大。一般来说，城市的效果要好于农村。学校向女子开放的新规定也遇到一些问题。由于女校师资短缺，只好请当地的土耳其官员家属充当教师。女子学校的学习科目也较为简单，

二、近代伊斯兰教育

重点学习持家、缝纫和刺绣等家庭实用课程。土耳其的新型小学教育，约始自1908年。根据1913年的初等教育法令，初等教育分为三级：初小、高小和职业教育。1913年的教育法令还规定，小学教育要民族化，以土耳其语为教学语言。新型学校包括小学、中学、技校、军校和师范学校。它们主要集中在大中城市里，伊斯坦布尔大学最初就是由诸如此类的专业学校合并而成，而农村的教育仍以马克塔布为主。新型学校对教育的积极影响，不在于数量的增多，而在于教学内容的更新。除传统教学内容外，这些学校在小学阶段还开设历史、地理和卫生常识，中学阶段增设数学、物理、化学、生物、公民学、土耳其语、法语和波斯语。

值得注意的是，在近代教育尤其是小学教育改革过程中，土耳其与埃及采取了截然不同的做法。土耳其于革命后采取强制方式，于1924年颁布了《教育统一法》，下令关闭所有宗教学校，实行教育世俗化。而埃及则实行一种渐进融合的方式，将宗教教育与世俗教育相结合，平稳地向新型世俗教育过渡。历史表明，埃及的道路是成功的，而土耳其并未达到预期目的，反而出现反复。20世纪40年代和50年代，传统宗教教育又在土耳其自发地兴起，其扩展势头一直持续至今。

3. 现代主义与教育改革

早在18世纪，随着欧洲与穆斯林国家贸易往来的增加，很多地区的穆斯林就已感受到西方的经济与军事实力对穆斯林世界的威胁。到了19世纪，欧洲列强主要是英国、法国和荷兰，逐渐控制了穆斯林世界的大部分地区，使穆斯林国家陷入深重的政治危机。近代以来，面对着急剧变化的外部环境，伊斯兰教的意识形态和社会体制却长期处于停滞状态，作为穆斯林社会生活之基础的伊斯兰教法愈益僵化，同时代精神形成强烈反差。穆斯林民族在欧洲殖民统治下长期受欺压的苦难困境，促使他们当中的一些有识之士开始对伊斯兰教和穆斯林世界所发生的危机进行深刻的反思。伊斯兰现代主义便是为摆脱危机所作的一种回应。

现代主义者们以复兴伊斯兰教、重建穆斯林社会为目标。为此他们力主宗教与社会改革，教育改革便是其改革纲领的主要内容之一。现代主义者认为，西方列强的优势在于他们有发达的科学技术和军事力

二、近代伊斯兰教育

量,而这一切又同他们尊重科学、重视教育有直接的关系。既然现代科学与教育的核心是理性,因此现代主义者主张重新启用"创制"原则(Ijtihād,意为独立判断),力图重新解释《古兰经》,弘扬伊斯兰教的理性主义传统,从而为教育与社会改革提供理论根据。

以现代主义为指导思想的教育改革中,突出的代表人物当推埃及的穆罕默德·阿布杜和印度次大陆的赛义德·阿赫默德汗。

(1) 阿布杜与艾资哈尔大学

穆罕默德·阿布杜(1849—1905)被誉为阿拉伯现代主义之父。早年受过传统的伊斯兰教育,后就读于埃及艾资哈尔大学。因受阿富汗尼的影响,他在青年时期就立志献身于复兴伊斯兰教、重建穆斯林社会的事业。1822年,因涉嫌参与反英民族起义遭到流放,后自贝鲁特辗转到巴黎。1888年结束流放生活,回到故乡埃及,从此转向社会改革活动。

现代主义者意识到新型教育是欧洲国家强大的社会基础,是实现科学理性的根本途径,因而它也是穆斯林适应社会现实需求的重要手段。他们经常引用《古兰经》中的这样一段启示:"只有人们改变了自身内在的,安拉才会改变他们相间的"(13:12)。

由此他们得出结论：只有当人们变得更加理性化，社会才会变得更加和谐统一。而唯一能促使人们变得更加理性化的手段，便是教育。

早在艾资哈尔求学时，阿布杜就曾在报刊上发表过文章论述教育问题。他主张学习各方面的科学知识，既包括传统教育的课程如数学和逻辑，也包括"那些对我们的新时代生活有用的新学科"。他指出，欧洲国家之所以强大富有，人才辈出，其关键就在于教育与科学发达。他主张将物理、化学、医学等学科的教材译成阿拉伯文，同时也译介文明史方面的外文著作。然而，阿布杜的教育改革思想，在艾资哈尔这一传统宗教教育的世袭领地不能不受到保守势力的攻击，能与之共鸣者仅有为数不多的受过西方教育的师生，显得势单力薄，孤掌难鸣。阿布杜本人也曾遭到排挤，在毕业生资格审查时遇到很大麻烦，险些未获通过。

大学毕业后，阿布杜曾兼职执教于艾资哈尔系统的三所主要院校，分别教授伊斯兰教史、社会文明史、阿拉伯语言和文学等课程。教学中，他向学生讲述中世纪著名穆斯林史学家伊本·赫勒敦的著作，讲解民族兴衰的社会历史根源、文明社会的准则等新鲜内容，深受青年学生的欢迎。阿布杜不仅在伊斯兰教

二、近代伊斯兰教育

史和阿拉伯语文方面造诣颇深,而且精通法语。他曾将斯宾塞的教育学名著《教育:德、智、体》(法文版)译成阿拉伯文。阿布杜深受斯宾塞教育思想的影响,吸收其思想精华,运用到教育改革的实践中去,为那些受过现代思想熏陶的青年师生所赏识。由于阿布杜在教学中始终贯穿理性主义指导原则,鼓励学生独立思考,大胆运用"创制"原则来解释经训中无据可依的问题,因而招致艾资哈尔宗教保守势力的攻击,诋毁他为离经叛道的"哲学家"。保守派指责他"讲的是法语,读的是欧洲人的书籍,教的是哲学家的思想,又到过欧洲旅行,他配得上先生的称号吗"?

阿布杜在教育改革的实践中,以教育体制的改革为首要任务。他不满于传统的宗教教育体制,对全盘欧式的教育体制也很反感,而主张由本地教师来教授适合穆斯林需求的新知识。这是一种传统与现代相结合的教育体制。为了能在艾资哈尔实施教育体制改革,阿布杜借兼任艾资哈尔校刊编辑之机,曾巧妙地宣传过现代主义的教育思想。他还力主促成艾资哈尔成立一个新的教育咨询委员会,他当时是成员之一。在他的影响下,该委员会在建立初期曾批准一项建议,试图通过拨发教育经费,将外国教会学校置于国家监督之下。该项建议后因埃及发生反英运动而被搁置。阿布杜还提出，艾资哈尔作为宗教教育中心，应与世俗的现代教育体制相结合，而不应墨守陈规，充当伊斯兰教中世纪文化传统的博物馆。为此，他曾建议开设一所独立于艾资哈尔大学的培养法官的学院。但艾资哈尔大学校长以违背该校传统宗教教育的宗旨为由，予以否决。后来，阿布杜本人也被迫退出艾资哈尔教育委员会。

英国侵占埃及后，阿布杜因涉嫌参与反英运动而被流放到贝鲁特，在那里继续从事教育改革活动。阿布杜曾在当地的苏塔尼学校任教。他的教学方式别具一格，吸引了很多青年学生。他用现代理性主义观点来讲授教义学。他的教学笔记后来成为经典教材，曾再版数次，并被译成外文。为了更新课程和教学方法，他曾专门写过两封信函，分别论及奥斯曼和叙利亚的教育状况。他在致奥斯曼苏丹的书信中，谈及他对当时奥斯曼帝国三类学校的看法。他指出：国立初级学校除阅读课外，还应开设作文、算术和伊斯兰教史，辅之以适当的宗教和道德教育；培养文职和军职官员的国立专业学校，除专业课外，也应加强宗教和道德教育；培养乌里玛（精通宗教知识的伊斯兰学者）的专业学校，应增设伊斯兰教史和一般历史课程。阿布杜认为，这三类学校的课程设置，在保障宗教道德教育的同时，都应进行适当的调整。专业学校应当增设外语、数学、物理和其他自然科学课程，以满足社会各行各业对人才的需求。在致叙利亚总督的书信中，阿布杜指出叙利亚民族的多种宗教派别构成对教育的影响。他提请总督注意外国教会学校的教育有损于国家和民族的利益，指出教会学校向穆斯林学生灌输亲西方思想。阿布杜还对叙利亚新型学校以土耳其语为教学语言表示不满，主张恢复以阿拉伯语为教学语言，以利加强信奉基督教的阿拉伯人与信伊斯兰教的阿拉伯人的民族团结。他还提议，应把阿拉伯语作为初级学校共同的教学语言，以便培养学生的爱国主义思想。

1888年阿布杜结束流放生活返回开罗后，便全力投入教育与司法的改革，甚至在他出任埃及总穆夫提（埃及最高司法官职）后，仍常常抽空到艾资哈尔大学发表演讲。阿布杜曾是艾资哈尔的学生和教师，深知在艾资哈尔实施教育改革的艰巨性。他痛感艾资哈尔缺少科学研究的气氛，对道德教育也深为不满。他认识到在这个由保守派把持的教育机构中，教改只能从课程设置入手，循序渐进地进行。此外还要建立督学机构，引进考试制度和学位制度，改变过去那种死记硬背的学习方法,引导学生注重理解。阿布杜还就艾资哈尔大学的隶属问题提出过一项重要建议:将这所大学置于教育部或宗教基金部管辖之下,赋予其特殊地位。他的这项具有远见卓识的提议,直到本世纪70年代才付诸实施。

艾资哈尔大学的近代改革,与阿布杜的教育改革实践密切相关。阿布杜的晚年,特别是从1895年至1905年的10年间,把主要精力倾注于古老的艾资哈尔大学的教育改革工作。早在1892年他就向埃及新任总督提出教改方案。1895年,他被任命为教育咨询委员会委员,以政府代表身份参加艾资哈尔大学行政管委会的工作。艾资哈尔从1872年起便经历了一系列的管理体制的改革,当年颁布的一项教育法令,规定了艾资哈尔的11种考试科目。1887年艾资哈尔展开关于是否要增设数学、天文学、物理学和化学课程的讨论,直到1898年才正式开设这几门自然科学课程,但仍未被列入必修课。直到1908年,才将它们连同历史、地理列为必修课。1907年艾资哈尔又建立了一所独立的学院,培养伊斯兰教法方面的专业人才,毕业后效力于宗教法庭。但当1911年的教育法令把学制12年增至17年,并将其分为初等、中等和高等三个阶段后,新知识学科便被限定在第二个阶段进行，而高等教育只教授宗教课程。哲学这门令逊尼派乌里玛望而生畏的科目直至1930年才开设，随后又增加了心理学和社会学。但这些新学科仍被列为中等教育阶段的教学内容，结果造成新学科的教学内容肤浅，水准不高。艾资哈尔的全盘现代化教育直至20世纪60年代和70年代才最终实施。

阿布杜作为一位埃及著名的教育改革家，其教育改革方案生前并未得到全面实施，但其教育思想后来对埃及甚至对整个穆斯林世界的近代教育改革，都产生了不可估量的影响。

(2) 阿赫默德汗与阿利加尔学院

赛义德·阿赫默德汗（1817—1898）为伊斯兰现代主义在印巴次大陆的理论奠基人。他出身于德里的一个没落的莫卧儿封建贵族家庭。青年时代曾效力于英国东印度公司。1857年反英起义失败后，印度沦为英国殖民地，阿赫默德汗由此拥护英国的殖民统治。他认为英国对印度的殖民统治是合法的，在英国的统治下，印度穆斯林可以和平地生活。

然而，阿赫默德汗关注的并非政治，而是对印度穆斯林进行西方式的新型教育，其一生主要致力于教育与文化方面的改革，这也是以他为代表的阿利加尔运动的主要内容。阿赫默德汗认为，印度穆斯林现实苦难的根源在于文化落后，而只有改进教育，才能提高其文化水准，最终使他们摆脱社会的困境。为此，他力主改革传统的伊斯兰教育体制，大力推行西方教育，以培养能适应现实社会需求的新一代的穆斯林。早在1856年，他就创建了"全印穆斯林协会"。1859年，他提出以英语为教学语言，主张发展西学。1864年，他在印度北方邦的阿利加尔建立了"科学协会"，向印度穆斯林译介西方科学知识。该协会曾将大量的英文科技书籍译成乌尔都语，极大地促进了印度穆斯林的新型教育。1866年。他又创立了"英印协会"，以加强同英国殖民当局的联系。1868年，他在印度北部的几个穆斯林集居区分别建立起"穆斯林教育委员会"。该委员会每年都在印度的不同地区举行会议，有效地促进了各地的教育工作。1869年至1870年，阿赫默德汗为组建阿利加尔学院，专程赴英国剑桥大学考察。1886年，他创立了与印度国民大会党相对立的"全印穆斯林教育会议"，提出了20项教育与社会改革目标。阿赫默德汗亦曾对穆斯林妇女的教育予以高度重视，但他不主张对妇女进行新型教育，而赞成对她们进行传统教育和实用知识教育，这反映了阿赫默德汗在教育观点上的历史局限性。

二、近代伊斯兰教育

创建阿利加尔学院是阿赫默德汗在教育改革事业上作出的最突出的贡献。这所以英国剑桥大学为样板，于1875年建立于阿利加尔的印度穆斯林最高学府，最初名为"英国—穆斯林东方学院"，1920年易名为阿利加尔穆斯林大学。阿利加尔学院的办学宗旨，是培养既能吸收西方科学，又能秉承伊斯兰教早期传统的新一代的穆斯林。故在教学方法、课程设置、招生对象等方面明显有别于印度传统的伊斯兰经学院。阿赫默德汗试图通过新的课程设置和新型学校团体组织形式，传播西方的科学知识、社会意识和道德价值观念，进而培养出在政治、道德、知识和才能上能适合英国殖民统治需求的新一代穆斯林知识精英，以实现在英国统治下穆斯林社会的复兴。阿利加尔学院采用伊斯兰文化知识与英语学习相结合的教学方式，试图将宗教信仰知识与新知识学科融为一体，创立一种具有新思想意识和活力的宗教观。阿利加尔学院是一所非宗派性的高等学院，向逊尼派和什叶派穆斯林的子女开放，还招收少量印度教背景的学生入学。然而，阿赫默德汗的教育改革规划在实施过程中，亦曾遇到校方和社会方面的压力。一方面，校方担心因传统宗教势力和社会舆论的反对而失去公众对学院的支持，并未完全采纳阿赫默德汗激进的教育思想，而采取一种偏于保守的态度；另一方面，尽管阿赫默德汗聘请了外籍教师任教，但阿利加尔的早期毕业生由于科学基础知识薄弱而表现平平，结果招致传统宗教势力的嘲讽。后来学院的宗教课程仍由保守的穆斯林教师执教，而新知识学科则由留学欧洲的教师和外籍教师讲授，形成传统宗教与现代科学对峙的局面。尽管如此，阿利加尔学院仍不失为印度次大陆传统伊斯兰教育改革的样板，一度被誉为印度的伊顿公学。

阿利加尔学院的主要业绩，并不在于课程设置的改进或学术人才的培养上，而在于对学生进行社会意识和道德观念的教育上。学院鼓励学生掌握语言表达技巧，培养自信心、团结意识和进取精神，增强责任心、忠诚感和领导才能。学院还鼓励学生积极参加体育竞赛、俱乐部和课外社交活动，培养合作精神和组织才能，这些都是作文职官员必备的能力。阿利加尔学院后来成为伊斯兰现代主义在印度次大陆的发源地，至20世纪中叶，它已成为培养穆斯林政治精英的摇篮。它培养出的包括政府官员、律师、记者等穆斯林知识阶层，既有新观念又不乏民族主义精神，他们后来积极参加反对英国殖民统治的运动，成为穆斯林民族分离运动的中坚，对1947年巴基斯坦的建立

二、近代伊斯兰教育

起到了重要作用。

阿赫默德汗出于英国统治印度的现实考虑，提出了一系列旨在培养既信守伊斯兰教原则，又能适应现实社会需求的新一代穆斯林知识精英的教育规划，并以阿利加尔学院为基地，积极投身于教育改革实践，成为印度次大陆近代教育改革的先驱者。

三、现代伊斯兰教育

第二次世界大战后，大多数穆斯林国家相继摆脱了西方的殖民统治，走上独立发展的道路。国家的独立，民族的解放，为伊斯兰文化、教育事业的发展奠定了基础，创造了有利环境。战后，恢复与发展经济成为穆斯林国家的首要任务，教育的紧迫性也更加引起国家的重视，并被纳入国民经济与社会发展计划，开始改变殖民统治时期的盲目、被动状态，使教育的发展与社会发展同步，逐步走上正轨。但由于各国的国情不同，采取的方针政策不一，导致教育发展的不平衡。

三、现代伊斯兰教育

1. 土耳其

土耳其的现代教育始自凯末尔时代。土耳其于资产阶级民主革命后确立了政教分离的原则，确定了世俗教育的发展方向。传统宗教教育受到沉重打击，影响渐衰。但自本世纪中叶起，宗教教育逐步恢复。土耳其于1946年开始实行多党制，执政的共和党意识到反对党（民主党）可能利用长期被忽视的宗教教育问题掀起宗教狂热，对政府施加压力，于是决定建立一所培养伊玛目的宗教职业学校。安卡拉大学于1949年增设了神学系，旨在科学地认识伊斯兰教。这一措施在小范围内恢复了高等宗教教育，填补了这方面的空白。到了1959年，建立高级伊斯兰学校的动议开始提到政府工作的议事日程上来。截至1977年，土耳其全国已建立培养伊玛目的学校249所，绝大多数分布在农村。另有8所4年制的高级伊斯兰教学校及两所大学研究机构，其中一所为安卡拉大学神学院，另一所为1971年创建的隶属阿塔图克大学的伊斯兰科学院，它们都是5年学制。另外，在伊斯坦布尔大学文学院，还设有一个伊斯兰教研究所。

伊斯兰教育与科学

当然,绝大多数分布在乡村的宗教学校,并非一定是以培养宗教圣职人员为教学宗旨。这类宗教学校与普通学校在性质上并无重大差别,只是增设了伊斯兰教课程,但仍以普通教育为主,学生毕业后按自己的志趣,从事各种职业。这类宗教学校和那些高级的伊斯兰教学校,其校舍设施等大多由当地的穆斯林社团集资兴建,而政府只委派教职员工。战后土耳其的宗教教育事业的发展,主要是基于社会的内在需求,由穆斯林民众自发地开展起来,具有自身内在的活力。而政府部门的工作,基本上是为了应付这种社会性需求而作出的反应。由于土耳其革命后曾对伊斯兰教的宗教教育和阿拉伯语课程严加限制,致使宗教教育师资严重短缺,特别是高等伊斯兰院校师资匮乏尤为突出。这种状况直到70年代才有所改变,大学开设了《古兰经》、圣训、伊斯兰教法学等课程,学习阿拉伯文的人数也明显增多,据说当时已达到10万余人。

战后伊斯兰教育在土耳其的复兴,提出了一个带有普遍性的问题:在一个穆斯林居民占人口大多数的国家,如何使传统教育与现代教育有机地结合起来。

2. 埃及

1922年埃及获得有条件独立后，国家的教育事业仍未走上正轨。当时的初级教育分为两类。一类为4年制，学业结束后一般不再继续升学，全埃及共有此类小学719所，在校生7万多名；另一类为6年制，在校生2万多名，此类学校共有103所。6年制学校的入学条件较为严格，教学条件更为优越，学生毕业后可升入中学。当时只有10所中学，学生38000多名。师资培训也初具规模。1925年，埃及大学由私立转为公立后，设立了4个学院，分别为医学院、法学院、艺术学院和科学院。后经20年的发展，扩建成拥有10所学院、学生愈万名的综合大学。1950年在开罗开办了一所名为阿因·夏姆斯的国立大学，1957年在艾斯尤特又创建一所大学。到1952年埃及革命前夕，国立小学生人数已达100万，中学生愈12万，技校学生2.8万余人，大学生3.7万余人及167名留学生。儿童从6岁至12岁实行免费义务教育，对在校生免费提供一份午餐。学校课程内容丰富，包括《古兰经》、伊斯兰教宗教教育（非穆斯林子女可选学)、阿拉伯语文、算术、实用几何、自然常识、绘画、体育、音乐、卫生、爱国主义教育及手工等,重点课程为宗教、爱国教育和阿拉伯语文。小学教育是公民必须接受的"最起码的教育"。光接受小学教育,还不足以具有立业谋生的本领,一般还要经过三年初中教育。这种初中教育的目的不是为了将来继续升学,而是为毕业后走向社会作准备。学生要接受有关农业、手工技艺、经商和操持家务的培训,成绩好的还可进入职业技术学校或相应的专科学院深造。应用技术教育在埃及曾一度发展迅速。

如果说战后土耳其宗教教育的复兴是来自穆斯林大众的社会需求,并辅之以政府的一定支持,那么集中反映在艾资哈尔大学的埃及现代伊斯兰教育的发展,则主要是政府部门自身的工作成果。在当代土耳其的宗教教育发展过程中,新一代土耳其的穆斯林知识分子弃旧图新,思想观念更加开放。而艾资哈尔的情况则截然相反,经学院几乎原封未动。新变化仅限于增设了农学院、商学院、医学院和工学院。战后,古老的艾资哈尔大学已不再是单一的宗教院校,但仍充斥着浓烈的正统宗教气氛,学术空气较为沉闷、保守。

艾资哈尔的教育体制改革之所以步履艰难,是因

三、现代伊斯兰教育

为它长期背着沉重的"正统"包袱,只限于修补性的改组而非大刀阔斧的改革。直到 1939 年国家颁布教育法令后,艾资哈尔大学才设立了伊斯兰神学院、教法学院和阿拉伯语研究学院三个宗教学科分院。战后艾资哈尔的突出变化是在 20 世纪 60 年代。纳赛尔总统当政时期,以阿拉伯民族主义为指导原则,要求宗教服从国家政治,对艾资哈尔大学施加多方面的影响。1961 年,鉴于艾资哈尔大学系统的院校毕业生缺乏现代科学知识和专业技能,难以同其他院校的毕业生竞争,不能满足国家对各方面人才的需求,埃及政府通过一项教育法令,决定在保留传统地位的同时,引进现代学科,在艾资哈尔大学增设医学院、农学院、商学院和工学院。艾资哈尔大学现代教育的发展,一方面促使伊斯兰教能更好地适应现代社会的需求,这无疑是伊斯兰教自身的进步;另一方面,它对埃及的社会进步,也有重要的意义。1962 年,艾资哈尔大学又增设了一所女子学院,于 80 年代扩建为女子大学,并增设了女子医学院。艾资哈尔大学的毕业生,后来许多人成为医生、商业管理人员、工程师和农学家,他们既有坚实的专业技术知识,又有系统扎实的宗教基础知识,质量一般要高于其他高校的毕业生。

3. 伊朗

由于社会条件不同，当代伊朗的伊斯兰教育有其自身的特色，明显不同于逊尼派占统治地位的伊斯兰国家。近代以来，特别是从19世纪下半叶起，伊朗的什叶派宗教学者阶层（乌里玛）在政治上已发展为一支强大的力量，具有严密的组织、较强的经济实力和广泛的社会联系，得到商人、手工业者和城市市民的支持。19世纪末，在反王权斗争中形成的宪政制度，从法理和体制上加强了宗教学者的地位。自此，尽管伊朗的伊斯兰教育仍受王权的限制，但已表现出独立发展的倾向。伊朗政府曾于1907年、1911年、1930年和1934年先后四次颁布法令，企图控制伊斯兰教育体系的教学活动，将伊朗什叶派的宗教教育纳入国民教育体系，但收效甚微。自60年代起，巴列维国王发起以企业国有化、土地改革为主要内容的"白色革命"，其中亦包括扫除文盲、改革宗教教育等内容，亦遭到宗教界的抵制。

革命前的伊朗，全国除有较发达的国民教育体系外，还有自成一体的宗教教育体系。伊朗什叶派传统

三、现代伊斯兰教育

宗教教育的一个显著特点是注重哲学教育。伊朗的乌里玛在政治上有较强的力量和相对独立的地位,他们的哲学思维较逊尼派更为自由和更具批判性,水平也更高。这种状况使他们对哲学产生偏爱,以哲学课程为传统宗教教育的主要内容,这也是伊朗什叶派与逊尼派在宗教教育上的主要区别之一。然而,什叶派在哲学教育上的这种唯理论倾向,对教法学的影响却是微乎其微。在伊朗,实体法规的教学活动依然是传统式的,以死记硬背的方式学习中世纪的经典教法著作。全国数万座清真寺皆是传统伊斯兰教育的场所,其中以圣城库姆、马什哈德、伊斯法罕、设拉子等地的清真寺经学院或马德拉萨的高等教育尤为著名,均以培养高级教职人员为宗旨。此外,德黑兰大学、马什哈德大学等国立非宗教院校也开设伊斯兰文化课程,培养国家需要的"官方"教职人员和研究人员。

较之现代世俗教育,伊朗什叶派的现代宗教教育虽然也有过分重视宗教传统的一面,但它也注重理性主义和批判精神,对社会现实问题也较为关注。这种倾向既同近代以来居主导地位的乌苏勒学派(重视理性的教法学派)传统有关,又同什叶派宗教学者内部自由派思想家的影响有关。其中对伊朗的教育发展最有影响的人物和组织分别是阿里·沙里亚提

（1933—1977）和"宗教月刊协会"。

1960年，伊朗出现了一个由名为"宗教月刊协会"的组织发起的运动，反对以死记硬背方式学习伊斯兰教经典。"宗教月刊协会"是个较激进的宗教组织，它设有一个宗教权威委员会，试图发布关于宗教问题的权威意见，并在注重教法学的同时，力图强化学校中的宗教伦理学、神学和哲学教育。其目的在于使人们认识到伊斯兰教是一种包罗万象的生活方式，如能真正实施"创制"原则，便可产生新思维和解决实际问题的新办法。1963年，伊朗政府借口土地改革中出现的狂热和悲惨事件，将该协会取缔，并封闭了它的刊物。

此后不久，伊朗出现了一个由阿里·沙里亚提领导的更为激进的运动，名为"侯赛因之路"。沙里亚提既受过传统的伊斯兰教育，又在西方的大学获得过社会学博士学位。他主张加强穆斯林的社会道德意识和"政治的激进主义"。他的教育思想明显有别于与世无争的传统宗教教育思想，强调实用和批判精神，以提倡原教旨主义为基本特征。沙里亚提曾提出现代化运动的蓝图，试图从《古兰经》推导出社会历史学的原理，并将现代社会历史学原理应用于对《古兰经》的解释。在这个庞大的研究规划中，沙里亚

三、现代伊斯兰教育

提力图建立一种新的伊斯兰教育,其指导思想要与对《古兰经》的理解相吻合,教育方式要与传统的伊斯兰教育有明显的区别。沙里亚提认为,传统的伊斯兰教育方式是"将伊斯兰教倒置"。为实现其现代化蓝图,沙里亚提到处发表演说,并大量著书立说,先后著有《怎么办?》、《哲学进化史》、《论伊斯兰社会学》等著作,以唤起民众、扩大影响。但数年后他领导的"侯赛因之路"运动被镇压下去,他本人也被关进监狱,随后又遭流放,于1977年7月在伦敦突然去世。沙里亚提的思想,对当代伊朗的青年学生具有很大影响力,不论是那些受过现代世俗教育的,还是受传统宗教教育的,对他的号召都报以热烈的以至于狂热的响应。人们认为他是伊朗"伊斯兰革命"最有影响的精神领袖之一。

在革命后的伊朗,宗教教育受到国家法律的保护和政府的大力支持。在伊朗精神领袖、阿亚图拉霍梅尼思想的影响下,"不要东方,不要西方,只要伊斯兰"成为国家的政治原则,伊斯兰教育虽然仍以传统宗教文化为主要内容,但它已成为伊斯兰革命传统教育的重要内容,这在伊朗历史上是绝无仅有的变化。

4. 巴基斯坦

如同所有发展中的伊斯兰国家一样，巴基斯坦的宗教教育也经历过新旧体制的交替。不同的是，巴基斯坦这一新生的穆斯林国家是以伊斯兰教为旗帜而于1947年取得独立的。巴基斯坦运动的领导者穆斯林联盟党虽然提倡穆斯林民族分离主义，但它无意以伊斯兰教，而是以穆斯林民族主义为建国的指导思想。而以伊斯兰教促进会、伊斯兰学者联合会等宗教政党为主的反对党历来对这一建国原则持有异议，致使国体、政体之争连续不断，长期得不到解决。这种政治分歧也影响到国家和社会对宗教教育的态度。巴基斯坦历届政府都强调，国民教育要有民族性和时代精神，主张将宗教道德教育纳入国民教育体系，而对传统的宗教教育不予鼓励。巴基斯坦的开国元勋穆罕默德·阿里·真纳在1947年8月的一次集会上，号召教育工作者要建立一个能反映自身历史和民族思想的、符合国情并富有成效的教育体系。巴基斯坦首任教育部长法兹勒·拉赫曼在同年11月的一次教育大会上提出：要利用当前难得的机遇来调整国家的教育

三、现代伊斯兰教育

方针，使之不仅符合时代需求，而且能反映出巴基斯坦作为一个伊斯兰国家的立场和思想。鉴于50年代和60年代巴基斯坦宗教学校猛增的势头，布托总理在1972年就教育政策发表的一次施政演说中表示：私立宗教学校应当维持现状。而巴基斯坦的宗教政党则尤为重视传统宗教教育，甚至把"教育伊斯兰化"列入政党纲领。他们对政府领导人在教育导向上的自由化倾向极为不满，对其宗教虔诚更深表怀疑，从而造成政府与宗教界之间的摩擦。

印巴分治初期，巴基斯坦的传统宗教学校有所增加，但课程设置并没有变化，既未提出新的教育目标和教学思想，也未采用新的教学方法。当时唯一的一所综合大学是位于拉合尔的旁遮普大学。在大学的附属院校内，宗教教育是作为公共课而开设的，无需严格的教学要求。如伊斯兰教方面的课程，可不必学习阿拉伯语。这所大学还设有一所东方学院，开设伊斯兰教和印度教的文学课程，性质上属于文化教育而非宗教教育。

巴基斯坦独立后，开始出现伊斯兰教学习热。旁遮普大学在1950年开设了伊斯兰教系。50年代初期，信德大学增设了伊斯兰教历史和文化系。1961年，在拉合尔成立了一所乌里玛学院，对在职的乌里

伊斯兰教育与科学

玛进行短期轮训,由行政管理人员、经济学家等专业人员为他们讲课,使之了解更广泛的社会问题,学习宗教以外的各种知识,以开拓视野。实践证明,这是一种行之有效的办法,它有助于缩短传统派与现代派的差距。1963年,一所名为贾米·阿巴西亚的古老宗教学校被改建为"伊斯兰学院",但其学制类似于普通中学。该院除开设伊斯兰传统科目外,还增设了经济学、历史、地理、统计学和哲学,课程设置明显受艾资哈尔大学的影响。毕业生得到国家承认,享有12年制普通中学毕业生的同等待遇。1960年,在阿尤布汗总统支持下,于卡拉奇建立了一所伊斯兰教研究中心,用现代主义观点从事伊斯兰教研究,为总统提供宗教事物咨询服务。1962年宪法公布后,该研究中心易名为巴基斯坦中央伊斯兰教研究所。巴基斯坦政府早在1954年曾在拉合尔创办一所伊斯兰文化研究所,旨在弘扬伊斯兰现代主义思想,抵制右翼和原教旨主义势力的活动。该研究所还出版过大量通俗书刊,促进了伊斯兰现代教育的普及。1980年,齐亚·哈克总统执政时期,在宗教界复兴伊斯兰教法的压力下,创建了一所"沙里亚大学"。

在巴基斯坦现代教育发展中,当代著名的现代主义学者法兹勒·拉赫曼是位值得一提的重要人物。拉赫曼早年受过传统的宗教教育，后来留学于英国牛津大学，获哲学博士学位。归国后历任巴基斯坦首任教育部长、中央伊斯兰教研究所所长及阿尤布总统的宗教事物顾问等职，他的思想对巴基斯坦政府决策产生过很大影响。晚年他在美国芝加哥大学近东语言与文明系任伊斯兰教思想教授，著有《伊斯兰教》、《伊斯兰教与现代性》等著作。在后一部著作中，拉赫曼详细地论述了伊斯兰教育思想的发展历程，特别是对近代以来伊斯兰教思想在现代主义影响下的发展，提出了许多独到的见解，对研究伊斯兰教育思想有重要的参考价值。

5. 印度尼西亚

战后印度尼西亚独立后，由于三种主要的政治力量（民族主义、伊斯兰教、印尼共产党）互相对立，国家政治生活经历了很长一段动荡时期。但政治危机似乎未对宗教教育产生久远的影响。印度尼西亚政府部门，主要是教育部和宗教事务部，曾用数年时间共同制定出伊斯兰教育的科学研究项目。同巴基斯坦一样，建国后几乎在同一时期，印度尼西亚也开始按照

伊斯兰教育与科学

现代条件推行新式伊斯兰教育。在印度尼西亚,伊斯兰教政党和组织尽管在政治领域屡遭挫折,但在推行伊斯兰教育方面却富有成效,因为马斯友美党、伊斯兰教师联合会等宗教政党早在独立前在宗教教育领域就颇有实力,拥有数以千计的自成系统的宗教学校。印尼的伊斯兰教育事业,在初期阶段曾面临着与其他穆斯林国家相似的问题,主要是缺乏现代教育所需要的师资和研究力量,解决方式也同巴基斯坦等国一样,即传统渠道与现代手段相结合。多年来,国家派出大批留学生,去埃及的艾资哈尔大学学习伊斯兰教课程,还经常邀请该校教授来印尼讲学,交流学术思想。这一举措不仅为印尼的现代宗教教育培养、输送了大量人才,促进了传统教育观念的转变,也为现代主义思想在东南亚的传播,提供了广阔的天地。

在印度尼西亚,普通宗教学校的教学活动仍依靠传统的伊斯兰教师。有些地方的学生,白天去普通学校学习文化知识,晚上在宗教学校接受宗教教育。到1965年,印度尼西亚约有各类初、中级宗教学校22000所,为伊斯兰教的高等教育输送了大批人才。从20世纪60年代起,一种称为"国立伊斯兰学院"的高等教育机构,在一些大城市如雅加达等地兴起,这是国家为满足高等宗教教育和研究的需求而采取的措施。这些学校的课程设置有些类似埃及的艾资哈尔大学，分设的四大科系是教义学、伊斯兰教法、教育学（以培养师资为主）和伊斯兰人文学科（以阿拉伯语为主）。很多印尼的学生和学者都能讲流利的阿拉伯语。印尼当代伊斯兰教育的发展在很大程度上得益于与外界、特别是与艾资哈尔大学的交流，但其基本发展趋势仍体现了印尼自身的传统特点。

6. 摩洛哥

北非的穆斯林国家中，只有摩洛哥幸免于奥斯曼帝国的统治，但它终未逃脱外国殖民者奴役的厄运。法国于1912年对摩洛哥强制实行保护国权利，使其沦为法国的"保护领地"。当时摩洛哥的学校仍属传统类型，小学一般为经文学校，中等学校以马德拉萨为主，高等教育主要集中在非斯的凯鲁万。凯鲁万大学不如艾资哈尔那样声誉显赫；但它却是伊斯兰教历史上最早建立的高等学府，比艾资哈尔大学早建一个世纪。尽管摩洛哥与埃及等阿拉伯国家在地理位置上相隔遥远，但其宗教教育，不论是教学方法还是课程设置，在当时都属于伊斯兰传统教育体制。

在1925年之前，法国对摩洛哥实行的是一套殖民主义的奴化教育。法国殖民者对传统的穆斯林学校不予扶植，而大力发展法国式的学校，极力赞助那些实施法国人与穆斯林子女混合教育的学校。摩洛哥曾建立两所法国式学校，学生几乎全是法国人的子女，学校教育严格按照法国方式进行。在混合学校中，以法语为教学语言，而阿拉伯语则作为一种"外语"来教授。法国殖民者还利用教育和管理手段，来分裂讲柏柏尔语的穆斯林少数民族与讲阿拉伯语的穆斯林之间的关系，以图破坏穆斯林民族团结，导致传统宗教教育的衰退。到第一次世界大战爆发前夕，全摩洛哥只有794名穆斯林在校生。这种情况同样发生在摩洛哥的西班牙占领区，到1948年，该区的西班牙籍学生有9300名，而摩洛哥学生只有4200名，教学语言全部用西班牙语，阿拉伯语被列为"外语"，整个占领区只有一所中学。在整个摩洛哥，女性教育历来不受重视，既使是富家千斤小姐，也只能接受私人和天主教修女的非正规教育。

1925年，在西班牙占领区爆发了一次民族起义，以后又蔓延到法国占领区，形成早期的民族解放运动。1927年，运动在教育文化领域产生巨大反响，在法国求学的阿尔及利亚、摩洛哥和突尼斯的学生共

三、现代伊斯兰教育

同发起组织了穆斯林学生联合会。他们提出了共同的教育改革方案。首先是开放经文学校,使之能与法国人和西班牙人的学校抗衡。其次是改革传统教育的内容,用阿拉伯语教授各种现代科目。在摩洛哥,教育改革运动是由独立党人参与实施的,得到王室的积极支持。穆斯林教育改革运动早在1925年已初露端倪,于30年代有了较大发展,后来虽在第二次世界大战期间曾一度停滞,但战后又恢复了发展势头。到1948年,穆斯林学校已超过100所,学生人数超过国立学校。穆斯林学校使用的教科书均用阿拉伯语文编写,教学语言为阿拉伯语。

经过长达十余年的谈判,法国和西班牙于1956年承认摩洛哥独立。经过协商,独立后的摩洛哥教育仍维持现状,因为不论是国家教育部门,还是学生家长,都不愿孩子们中断学业或中途换马。摩洛哥教育部为此制定了"循序渐进"的教改方针,以期平稳实现教育体制的统一,教学语言的阿拉伯化。1958年,摩洛哥国王在议会发表施政演说,强调教育要贯彻"摩洛哥的思想、阿拉伯的语言和伊斯兰教的精神"的原则。在教育事业的重建过程中,教育部门设法克服了师资短缺和阿拉伯语教材匮乏等困难,使穆斯林教育状况有了很大改观。到1962年,包括小学、中学和技校的穆斯林学生总数已达116万人。在推广用阿拉伯语教学过程中,教育部门从实际出发,首先以小学一二年级学生为普及对象,对高小和初中阶段的学生,直到1962年才开始普遍以阿拉伯语为教学语言。

摩洛哥于1957年创办了拉巴特大学(后改名为穆罕默德五世大学),它是在法国统治时期的三个研究所和教育中心的基础上扩建而成的。当时只有文学系、法律系和科学系,以后相继增设了伊斯兰教法系和医学系。建校初期的任职教授多数为法国人,教学语言为法语。1962年在非斯和卡萨布兰卡建立了两所分校,在校生共4000名,其中有女生600名。非斯的凯鲁万大学在60年代前还只是个传授阿拉伯语和伊斯兰教课程的高等专科学校,它于1962年正式改为大学,并在得士安和马拉喀什设立两所分校,学生总数约450人。

自60年代起,摩洛哥开始注重师资培训工作。1961年,有1100名师范专科学生毕业后成为教师,另有数千名在职教师完成进修学业。随着讲阿拉伯语教师队伍的不断壮大,学校的教学语言开始发生变化。到1967年,摩洛哥的教育事业已有了长足发展。教育经费在独立后的十年间增长了三倍,已占到国家

三、现代伊斯兰教育

预算的 21%。此外，与法国的文化协议经过修改，规定法国人办的学校也要开设阿拉伯语；同时，学校的行政管理权力也要逐渐移交给摩洛哥人。然而，阿拉伯语的普及工作又出现反复。原定小学一二年级的教学全部用阿拉伯语，小学阶段的算术课也都使用阿拉伯语。但 1967 年教育部颁发的一项公告规定，初中一年级的教学用语不再限定阿拉伯语。这一改变被独立党人视为教育上的"灾难"。结果，小学和初中的教学由于既可用阿拉伯语，又可用法语，造成语言上的混乱，使教师和学生无所适从。

四、伊斯兰科学

1. 伊斯兰科学的起源

如同人类其他文明方式一样，伊斯兰文明是穆斯林为满足其物质与精神生活需求而发展起来的，伊斯兰科学便是这种文明的成果之一。

伊斯兰科学是《古兰经》启示的精神和人类各种科学传统相结合的产物。穆斯林深信，《古兰经》启示可预示一切，其中包括人类的科学活动，故以真主启示为伊斯兰科学的源泉。此外，《古兰经》提倡掌握知识，造成了一种有利于科学发展的气氛，影响了一代代的穆斯林文化学人，为之提供了灵感和精神力量。穆斯林科学家们正是在伊斯兰教精神的激励

四、伊斯兰科学

下,把自身的和外来的各种科学传统转化为新形式的伊斯兰科学。所以,伊斯兰科学不仅是指它是由穆斯林民族在继承人类各种科学成果基础上开发创立的,在伊斯兰世界广阔地域内孕育形成和传播发展的,而且还指它是在《古兰经》启示指引和启迪下生成的。伊斯兰科学有其独特的宗教根源,更有其人类共同的科学传统的综合基础。

伊斯兰科学继承了伊斯兰教产生前的人类多民族的科学传统,其中包括古代埃及的、希腊的、巴比伦的、印度的、波斯的以及中国的。穆斯林民族吸收了人类文明的各种科学成果,并在实践中丰富和发展了这些成果。因此,渊源多样与地域分布广阔便成为伊斯兰科学的特点,使之成为世界性而非区域性的科学文化。

早在伊斯兰教产生之前,在古埃及和美索不达米亚的两河流域,便出现了高水平的医学和数学,后来由古希腊的哲学家和科学家予以理论的概括,使之得到进一步的发展。这一时期延续约300年,曾出现过像泰勒斯、毕达哥拉斯、柏拉图和亚里士多德这样的科学巨星。随后科学活动的中心转移到埃及的亚历山大,这一地区成了古希腊、埃及和东方文化的交汇处。这一历史阶段成为科学发展史上最繁荣的时期之

伊斯兰教育与科学

一,先后产生了欧几里德、托勒密和盖伦等自然科学家和医生。他们对伊斯兰文明影响至深,直到今天伊斯兰世界的很多儿童仍沿用他们的名字。值得注意的是,伊斯兰教所接受的古希腊科学传统并非直接来自雅典,而是通过亚历山大这一科学活动中心为中介,托勒密便是出生于埃及并长期在亚历山大居住的古希腊科学家。还有柏拉图,他是通过神秘的新柏拉图学派介绍给阿拉伯穆斯林的,而对亚里士多德的了解,则得益于阿弗罗狄西亚的亚历山大。古埃及亚历山大的科学,把神秘因素与严谨的逻辑相结合,融合了各种科学传统,并把它们统统纳入一种关于"知识模式"的新的精神框架中,成为进入伊斯兰科学殿堂的阶梯。以后由于来自拜占廷帝国的压力,尤其是焚烧亚历山大图书馆所造成的对科学知识的毁坏,使科学知识的中心逐渐东移,转入波斯帝国境内。

中东的早期基督教文化中心,如亚历山大、君士坦丁堡、安条克,并非是仅有的连接古希腊科学与伊斯兰文明的渠道。当时在中东的哈兰人当中出现了一种后来被穆斯林称之为"拜星教"的宗教崇拜,它把从古巴比伦宗教吸收的因素与古希腊传统的更神秘的成分结合起来。结果,哈兰人不仅继承了巴比伦的天文学和占星术,而且继承了新毕达哥拉斯主义和赫

四、伊斯兰科学

耳墨斯神智学。这样，哈兰人并未通过基督教的科学知识中心，便将古希腊的很多科学知识传播到伊斯兰世界。同样，他们也未经过古希腊领地而将巴比伦人的数学和天文学知识传授给阿拉伯穆斯林。

古波斯不仅为伊斯兰文明奉献了无数的传统的科学硕果，而且还为之增添了一些源自古希腊和印度的知识瑰宝。早在萨珊王朝（226—651）时期，波斯人曾将今阿瓦士市附近的一个称作朱迪夏波的地方开发成科学文化中心，该地经稳步发展后逐渐取代了安条克中心的地位。到了萨珊王朝末期，它实际上已成为西亚地区最重要的科学文化中心，特别是在医学领域更是堪称一流。朱迪夏波曾是波斯、希腊和印度的文化学人的汇集处，他们在此一起切磋学识，共同工作，在很多科学知识领域尤其是医学方面，架起了一座连接古代科学传统与伊斯兰科学的桥梁。波斯人不仅对天文学和药物学颇感兴趣，并作出了杰出的贡献，还积极开发了古希腊和印度的科学。可以说，波斯对伊斯兰文明的各个领域都作出了突出的贡献，它曾是伊斯兰科学文化传统的主要中心之一，对伊斯兰科学的形成和发展曾起到关键的作用。主要表现在三方面。首先，波斯以自身的科学成果丰富了伊斯兰科学；其次，波斯学者将古希腊的科学文化介绍给穆斯

伊斯兰教育与科学

林世界。他们将古希腊的一些科学著作翻译成钵罗钵语（Pahlavi，一种中古波斯语的主要形式，流行于3—9世纪）或古叙利亚语，并在波斯的文化中心，如朱迪夏波等地，教授传播；最后，波斯把印度科学的很多知识领域，特别是医学、天文学和自然史知识传交给伊斯兰教，经萨珊王朝后期波斯学者的进一步开发，印度的科学传统便以新的面貌呈现在伊斯兰世界面前。如穆斯林论述自然史的早期珍贵资料《毕德派的故事》便是明证之一。这部以动物为素材的阿拉伯文文学精品，揭示了人类应该从自然界、从动物身上吸取道德和精神教训这一主题。这部经典史料最初是从梵文译成钵罗钵语，后经伊本·穆卡法译成阿拉伯文，以后又转译成波斯文，始成为一部波斯的文学佳作。

印度的科学传统，尤其是数学（包括天文学）和医学，一部分是通过波斯传入伊斯兰教的，而另一部分则得益于很多印度学者，他们携带一些数学、医学和天文学著作，应邀到巴格达等伊斯兰文化中心讲学或游学。印度学者把数学和天文学的一些经典和医学著作，主要是药物学方面的书籍带到阿拉伯地区，这些典籍著作在8—10世纪的"百年翻译运动"中被译成阿拉伯文，对伊斯兰科学的形成有显著的影响。

毋庸置疑，伊斯兰科学的兴起也曾受益于古代中国的科技发明。中国造纸术的传入，对伊斯兰科学的发展起到了巨大的推动作用。在中国的造纸术传入之前，阿拉伯人使用粗糙的草莎纸和羊皮纸，很不利于书籍的抄写。其次，中国的炼金术对伊斯兰教尤其是苏非信徒的炼金术也有一定影响。古代中国人与阿拉伯穆斯林之间通过陆路与海路的交往，不限于生意上的往来，也有思想文化和科学技术的交流。只是中国对伊斯兰科学的影响，由于地理位置上的关系，较之古希腊、波斯和印度的影响要小一些。

2. 自然宇宙观

（1）宇宙论

宇宙论在伊斯兰科学中占有重要地位，不了解伊斯兰教宇宙论，也就很难认识伊斯兰科学。宇宙论被视为科学的"理论"或哲学基础，它与传统科学各分支学科之间的关系极为密切。"正统的"艾什尔里学派曾系统地阐释过称为原子论的宇宙观，认为真主是从创造最小的、不可分割的物质微粒原子开始创世过程的。真主不断地创造原子，原子不断地在宇宙真空中聚合、离散，乃有宇宙大千世界。原子论的宇宙观以真主为宇宙万物的本源，以真主创世过程来说明宇宙的生成，影响甚为广泛。传统的宇宙论可分为宇宙学和宇宙志两部分，前者涉及宇宙的生成和内涵，后者侧重于对宇宙外在形态的描述。

伊斯兰科学的宇宙学，与《古兰经》启示和神秘主义有着直接的关系。它并非实证的物理科学的概括或地球物理学的深入发展，因而不同于现代意义的宇宙学。伊斯兰教宇宙学为世人提供了宇宙的幻象，使他们通过物质世界的表层进而认识更高层次的精神世界；精神世界被认为是物质世界的原型（或"原型世界"）和基础，现实世界的一切皆在原型世界有其对应物。伊斯兰教宇宙学以多种象征主义的表达形式来表达真主创世前的"先天"的或理念的演变过程。伊斯兰教关于先知穆罕默德一夜之间从麦加到耶路撒冷，然后升霄面见安拉这一经历的描述，后来成为很多画家、作家和诗人创作的灵感和源泉。穆罕默德这次升霄之行，以生动的感性经验勾画出一份宇宙略图，因此它也成为伊斯兰教宇宙学的主体模式。后世穆斯林学者在很多著作中都曾详尽阐述过伊斯兰教宇宙学，他们有的以《古兰经》的天使说为依据，

四、伊斯兰科学

有的则把其他科学文化传统的宇宙学知识予以加工，再纳入自己的著作中去。譬如苏非主义集大成者伊本·阿拉比（1165—1240）就吸收了亚里士多德、毕达哥拉斯的哲学、新柏拉图主义和炼金术秘诀等因素，将它们与伊斯兰教的神秘主义信仰融为一体。他以理念的真主为最高实在，认为宇宙万物的原型存在于真主的观念之中，真主自显，乃有宇宙万物。在他的著作中，阿拉伯字母的象征含义、占星术符号、数字象征以及关于安拉名称的知识，都被综合成一个统一的整体，以表达他的以真主为本原的、一元论的宇宙观。

伊斯兰科学在传统宇宙学基础上，还产生了很多宇宙志方面的文献。如加兹维尼等人撰写的《创造的奇观》就是其中的代表作。这类著作大多以天使国为开端，最后以植物和矿物为终结。他们还将神话故事与科学描述融为一体，并将其纳入伊斯兰教宇宙学著作所描述的宇宙存在等级之中。这些著作通常成为世俗文学和很多微型绘画作品的背景材料。其他的宇宙志文献包括像比鲁尼（970—1038）与库特布丁·设拉子（1236—1311）这样的天文学家和数学家的著作，其内容侧重于天文学和物理学方面的科学知识，但仍以传统的伊斯兰教宇宙学为框架。

伊斯兰教宇宙学和宇宙志，作为伊斯兰科学的基础，具有重要的指导意义。依靠它们，可将各学科的知识与真主启示精神联系起来，从而创造出一种具有伊斯兰教特征的整体文明。

（2）地理学

穆斯林地理学内容极为广泛，从象征性的和带有宗教神性的地理学，即把地球视为精神世界的想象物，到地理学坐标的甚为精确的数学测量和定量的地貌研究。这种以伊斯兰宇宙观为理论框架、以伊斯兰世界的广袤地域为研究对象的地理学，同样吸收、借鉴了古代巴比伦、希腊、印度，特别是波斯的知识成果。波斯的地理学早在伊斯兰教产生之前，就已经对阿拉伯的地理学知识产生影响。比如阿拉伯语中用作长度单位的"巴札赫"（barzakh）一词，就是来自钵罗钵语的"法桑"（farsang）一词。伊斯兰教产生后，波斯的地理学继续在早期的伊斯兰地理学中起到关键的作用。

所谓具有宗教神性的地理学，其渊源可追溯到伊斯兰教初期及其后的对外扩张时期，而描述性的和定量的地理学，即现今所说的"科学的"地理学，则是始于阿巴斯王朝时期（750—1258）。当时通过译介印度、波斯和希腊的地理学著作而逐渐形成了伊斯兰的地理学。阿拉伯穆斯林从印度天文学译著中，学到了很多长度计算知识（印度的天文学书籍往往论及地理学知识）。在阿拉伯的地理学著作特别是航海文学作品中，像"海港"（bandar）、"船长"（nākhudā）等词汇都是来自波斯语。古希腊托勒密的《地理学指南》曾被数次译成阿拉伯文，使穆斯林在地理学知识上受益匪浅。其他如柏拉图和亚里士多德的有关著作，穆斯林地理学家们也甚为熟悉。他们从希腊科学家的著作中吸取知识，建立起定量地理学，借鉴波斯学术成果而形成描述性地理学。

最早的伊斯兰地理学著作产生于 9 世纪的阿巴斯王朝，特别是在哈里发马蒙（813—833 年在位）时期，曾出现一幅名为"马蒙地图"的世界地图。这幅地图现已失传，曾见到过该图的自然史学家马苏迪认为，它要比托勒密绘制的地图还要精确。这位生活在 10 世纪的被誉为穆斯林的"普林尼"（公元 23—79 年，古罗马著名博物学家）的著名旅行家，根据他的亲身见闻编写了一部集宇宙学、历史学和地理学于一体的百科全书式著作《黄金草原》，为以后数百年间的自然史和地理学著作广泛引用。10—11 世纪，随着航海事业的发展，伊斯兰海洋地理学揭开了新篇章。阿拉伯和波斯的商人和水手远涉重洋，到南洋群岛的爪哇、苏门答腊和中国旅行。一位名叫苏赖曼的阿拉伯商人曾著有一本游记，名为《中国纪实》，其中既有喜闻乐见的故事传说、风土民情，也有关于中国地理的科学记述。早期伊斯兰地理学的集大成者当首推比鲁尼（970—1038），堪称为定量、描述性的和文化地理学的先驱。他的大多数著作都论及地理学，其代表作《城市方位坐标的确定》可谓数学定量地理学的杰作。这位穆斯林科学家的全部著作都有一个特点，就是刻意追求数学的精确和论证的严谨。

从12世纪到欧洲文艺复兴初期，伊斯兰地理学经过不断的补充，渐趋完善。期间产生了宇宙志方面的百科全书，制图学也达到很高的水平。雅库特·鲁姆编著的《国土词典》（一译《地方志》），是部极为珍贵的地理学工具书，汇集了地方志和地志学方面的丰富资料，至今仍是地理学者必不可少的工具书。这一时期还出现过很多在地理学上贡献卓著的旅行家，其中以伊本·白图泰（1304—1377）最有名气。他在青年时代从摩洛哥的丹吉尔去麦加朝觐，开始了周游各国的旅行，历时28年，行程达12万公里，遍访穆斯林各国。他曾游览过印度和印尼的苏门答腊、爪哇等地，并曾以印度的穆斯林王朝使者的身份于1346年来到我国泉州，继去广州、杭州及元朝大都

四、伊斯兰科学

（北京）等地游历，考察中国风土民情，结识中国穆斯林名流。他的惊世之作《伊本·白图泰游记》，以丰富翔实的资料，成为中世纪地理学及历史、民族、宗教、民俗方面一部价值极高的名著。穆斯林航海家在海洋地理学方面也卓有建树。这方面的著作颇丰，特别著名的有苏赖曼·马赫里的《马赫里之柱》和伊本·马吉德的《海洋学原理之书》。马吉德曾做过远洋船的导航员，带领船队从东非的马林迪到达印度的卡利卡特。这一时期的著作曾对西方的海洋地理学产生很大影响。比如，西方气象学术语"台风"（typhoon）一词，便是来自阿拉伯语"吐番"（tāfān），"季风"（monsoon）一词则是出自"毛辛"（mawsim）一词。

从 15 世纪起，伊斯兰地理学著作大部分是波斯学者和印度学者用波斯文撰写，也有奥斯曼时期的穆斯林学者用波斯文、土耳其文和阿拉伯文著述的。这一时期最早出现的一批地理学著作是奥斯曼人撰著的，其中包括伊本·阿什克的《世界景观》。该书以早期穆斯林地理学著作为范本，补充了有关安纳托利亚和巴尔干地区的新资料。此外，还有像赛义德·阿里·阿克巴·荷塔依的《中国论述》。然而这一时期最令人惊异的地理学成就，当属 16 世纪初的皮瑞·

拉伊斯的制图学著作。拉伊斯在著作中绘制的非洲和美洲地图，至今仍令地理学家们惊叹不已。由17世纪的学者哈吉·哈里发编写的《吉汗志》，可谓后期奥斯曼地理学的高峰，它标志着伊斯兰地理学由中世纪向现代的转变。该书经欧洲学者补充资料后，于18世纪完稿并出版。

穆斯林地理学家在大地测量学方面也颇有建树。最初他们在继承古希腊、印度和波斯的地理学知识时，便对大地地貌的数学研究产生了兴趣。如在测定城市的方位、山峰的高度、地球的直径等方面，他们都曾作过有价值的探索。穆斯林对大地测量学产生兴趣，自有宗教信仰上的原因，因为各地的穆斯林需要弄清麦加的方位，以便在礼拜时确定正确的朝向。事实上，比鲁尼可谓大地测量学的先驱，他曾撰写过15部大地测量学和数学地理学著作。他不仅改进了测定经纬度的方法，还提出了测量山峰和其他物体高度的巧妙方法，对大地测量学的发展作出了杰出的贡献。

（3）自然史

自然史作为人类对自然界总体认识的综合概括，在伊斯兰文明史中占有重要地位。伊斯兰自然史观试图把关于自然界的各种知识如矿物学、地质学、生物学和动物学等知识，都综合纳入一种形而上学和宇宙

四、伊斯兰科学

学体系之中。其研究范围，不限于物理和生物的形态，以及人类与自然形态之间的关系，更重要的还是真主在自然形态中的"显现"和"预兆"，而认识真主的创世作用不能单靠分析，还必须求助于宗教神秘主义信仰。这是传统的自然史观的明显特征。

穆斯林学者留下了许多自然史著作，如伊本·古太白的百科全书式著作《基础知识》，卡兹维尼与迪麦史奇（？—1327）的宇宙志《纲要》，马苏迪（？—956）的宇宙志著作，以及伊本·西那（980—1037）的哲学文集《治疗书》。这些自然史著作各有特色，有些偏重于对自然形态的描述，有些倾向于象征主义和神秘主义的叙述，还有的则侧重于宇宙学和哲学层面。当然，这些著作也有共同之处，大多对自然形态间的相互关系，对发掘各个领域（如动物、植物和矿物）的内在力量（或灵魂），对自然形态的宗教道德意义颇感兴趣。穆斯林自然史学者的兴趣不限于对动物、植物、岩石或山地的描述性研究，还关注自然界的宗教象征意义及人类从对自然的研究中获得的精神上和道德上的启迪。

穆斯林自然史学者将万物分为动物、植物和矿物三大领域，分别由动物灵魂、植物灵魂和矿物灵魂所控制，而这三大灵魂又由世界灵魂统一掌管。穆斯林自然史著作反复出现的基本主题，就是这三大领域与控制每一领域生命形态的灵魂的关系。穆斯林自然史学家吸收了亚里士多德等古希腊哲学的基本原理，并把它们纳入伊斯兰哲学体系的宇宙学之中，形成新柏拉图学派的宇宙论、自然观，用灵魂功能之说来解释全部的存在系列，从低级的植物、动物到高级的人类（常人、圣徒、完人）直到天使，无所不包。伊本·西那在他的百科全书式著作《治疗书》（一译《医典》）中系统描述了这三大领域，并在亚里士多德的动物学研究和迪奥弗拉斯托（约公元前372—约公元前287）的植物学基础上，补充了他自己对矿物学的研究成果。关于各种灵魂及其功能的自然史学说，最初出自亚历山大学者对亚里士多德的著作《动物学》的评论，后经穆斯林哲学家主要是法拉比（870—950）和伊本·西那的精雕细刻，而变得更加系统和精致。如伊本·西那在他的《拯救书》（《治疗书》的节本）中，以图表的形式，系统说明植物灵魂、动物灵魂、理性灵魂多种不同的功能，把当时人类的经验科学知识同伊斯兰哲学（形而上学）紧密地结合在一起。

（4）地质学

植物、动物和矿物这三大物种的生存都离不开大

四、伊斯兰科学

地，因此其相关研究必然要涉及地质学。穆斯林关于地质学方面的论述，大多散见于自然史和矿物学著作中，主要涉及地质缓慢变化的特点，地貌的变化，如沧海桑田、地震和洪水引起的地表面刻蚀，以及可作为地球地质年代考证依据的关于岩石的研究。著名的地质学家比鲁尼将岩石视为地质研究的珍贵资料。他曾提出，可以根据关于岩石的文献资料，来推断久远年代以后可能发生的地质变化。穆斯林地质学家对化石成因的认识要早于西方地质学家。早在10世纪，精诚兄弟社的《书信集》中就有关于化石成因的记载，化石被视为海洋生物的沉积物，经漫长年代后石化生成，而现为陆地的化石生成地，在很久很久之前曾是海洋。伊本·西那曾沿奥克苏斯河畔对沉积岩作过仔细的观察并有详细的记述，提出了沉积岩是土层经缓慢的固化和石化而逐渐形成的正确解释。比鲁尼曾对印度恒河平原作过广泛的考察，认定它属于沉积层平原。他对恒河平原的观测堪称为穆斯林自然史中最杰出的地质观测。比鲁尼还在实地考察基础上撰写了一部地质学名著《印度史》。在这部书中，他以各种地质观测结果为据，来断定恒河平原的构成。恒河平原南临印度洋，三面环山，源于高山的河水流经平原注入印度洋。比鲁尼对河床的岩石细心观察后惊奇地发现：临近高山且河流湍急之处的岩石硕大无比，而远离高山且河流平缓之处的岩石反而小巧玲珑，特别是入海口处，尽管河流滞缓平静，但此处的碎石似乎要被研磨成细沙。由此他得出结论：印度河平原原为海洋，经河流不断冲击形成冲积平原。

穆斯林地质学的另一重要内容是对地下水的研究和开发利用。早在波斯萨珊王朝时期，地下水系在农业灌溉上便得到广泛的开发和利用。后来穆斯林地质学家们在继续开发、利用地下水系的同时，进行了大量的水文地理和地质学的科学研究。

(5) 矿物学

在伊斯兰自然史三大领域的研究中，以矿物学涉及的范围最广，它不仅与炼金术、冶金术和化学密切相关，与医药学也有关联。穆斯林学者撰著的矿物学著作，除了论及矿物学外，还包括岩相学和冶金学的内容。此外，他们撰写的炼金术著作，内容也涉及矿物学，因此很难明确区分矿物学与炼金术。

穆斯林的矿物学是在继承古希腊、波斯和印度的矿物学及其相关知识的基础之上发展起来的。穆斯林学者撰写的矿物学著作，最早见于9世纪。阿拉伯哲学家兼科学家铿迪（？—870）曾撰写过两篇论述各类矿石和宝石的论文，还发表过一篇论述冶金术和造剑术的论文。然而最有代表性的矿物学论著,当推伊本·西那和比鲁尼的著述。伊本·西那在他的《治疗书》中,曾对金属和矿物作过详尽的描述,并系统论述了它们的分类和生成过程。比鲁尼的《宝石知识大全》,被公认为是穆斯林矿物学的杰作。这部著作集矿物学、物理学、医学、语言学乃至哲学的研究方式于一体,从多学科的视角对矿物进行综合性研究。10—11世纪,与比鲁尼同一时期的苏非信徒,在北非的马格里布地区也展开了矿物学的研究,其研究范围与炼金术等苏非神秘主义密切相关。如著名的苏非大师、安达卢西亚(西班牙)的伊本·阿拉比(1165—1240)就曾撰写过一篇论述矿石的神秘性的文章。

(6)植物学

穆斯林学者对植物学的研究,也是在继承古希腊、罗马、巴比伦、波斯和印度的植物学知识的基础上发展起来的。他们对植物学产生兴趣,主要是出于农业和医学的实际需要。事实上,在早期的穆斯林科学著作中,植物与农业被合并在一起,并无分别。同样,早期的药物学与植物学研究也是密切相关的。植物学不仅包括对植物进行科学的描述,还涉及对植物的神秘性及其在宇宙中的象征的和精神的意义等方面的探讨。也就是说，传统的植物学研究深受伊斯兰教的真主创世论的影响。

穆斯林撰著植物学著作约始自8世纪，最早见于贾比尔·伊本·海因关于植物和农业的论文。从9世纪起，用阿拉伯文撰写的医学著作陆续面世，其中多有专章论及植物及其药效。这一时期最重要的植物学著作，是迪那瓦里（？—895）的《植物集》。该书从植物学、语言学和历史学的角度对植物作综合性的研究，尤以对植物物种的描述甚为全面精细，广为后世学者所引用。

从10世纪起，用哲学观点来研究植物学的著作相继出现。内容不仅涉及植物的起源、生长和形态，还涉及植物各部分的象征意义及其在整个宇宙秩序中的位置。伊本·西那的《治疗书》的"自然哲学"一章，便是用哲学和科学的观点对植物进行详尽的论述。与此同时，安达卢西亚和马格里布地区的穆斯林学者完成了一系列植物学著作，不过他们是从农业或药物学而非哲学的观点予以研究的。这些著作在穆斯林植物学史中占有重要地位。书中对直到13世纪的穆斯林植物学知识作了系统的整理，较详尽地描述了安达卢西亚地区的植物群。到14世纪，开始出现植物学方面的百科全书。在以后的几个世纪中，最重要的植物学著作大多是用波斯文和阿拉伯文撰写的，也有少部分是用乌尔都文撰写的。生长于印度次大陆的千姿百态的植物物种，为穆斯林植物学家提供了新的资料来源，使他们得以为伊斯兰植物学的发展谱写新的篇章。

穆斯林的植物学研究，主要涉及植物的起源、分类、生理和生长方式，对它们各部分的描述，植物与地理和气候条件的关系以及它们的医学效用和"神秘"特性等。穆斯林学者还试图通过对植物世界的认识，从中吸取精神和道德上的教益。穆斯林对植物有着特殊的感情，甚至在伊斯兰教描述的天园中也有植物的一席之地。此外，在伊斯兰艺术中，风格化的植物也有着醒目的效用。在波斯和西班牙的花园中，在阿拉伯和波斯的诗歌中，以及在伊斯兰艺术的多种领域，树木和花卉的精神象征意义，与植物的生态和药效，多有连带关系。事实上，植物的各个方面，从外在的生态直到天园之树的内在神秘意义，汇合一起便是穆斯林的植物学。

（7）动物学

以游牧民为主的穆斯林民族，与动物王国有与生俱来的不解之缘。穆斯林对家畜的生活习性了如指掌，与整个动物世界的关系也极为密切。在穆斯林的

伊斯兰教育与科学

文学艺术及宗教信仰中，都给动物留有一席之地，甚至在伊斯兰教精神领域最深层的部位，如在伊斯兰教法及末世学中也有动物象征的重要角色在起作用。在以动物为祭品的献祭仪式中，穆斯林赋予动物的生命以神圣的象征意义。此外，伊斯兰教法还有相应的戒规，确定了人类对动物应负的责任。因此，穆斯林的动物学含义极为宽泛，从教法学到文学，从艺术到医学，几乎涉及伊斯兰文化的大部分领域。

伊斯兰动物学承袭了古代多民族的文化遗产，包括阿拉伯的、希腊的和印度—波斯的动物学知识传统。其早期著作可追溯到8世纪，主要是关于骆驼和马的辞书式作品。到9世纪，很多穆尔太齐赖派的学者开始对动物学发生浓厚的兴趣。如该派著名学者贾西兹曾撰写过一部《动物之书》，被誉为伊斯兰动物学的经典。书中汇集了阿拉伯、波斯和希腊的动物学资料，研究了大约350种动物，并按它们的运动方式将其分为四大类。与亚里士多德一样，贾西兹对动物的心理学研究很感兴趣。继贾西兹之后，最著名的穆斯林动物学著作当属达米里（1349—1405）于14世纪撰著的《动物生活总论》。这部著作系统地概括了以往的动物学研究成果，在穆斯林动物学者中广为流传，并被翻译成波斯文和土耳其文。达米里对动物作

四、伊斯兰科学

过多方面的研究,其中包括动物名称的哲学含义、动物在伊斯兰教法概念中的地位、动物的医学效用及各种神奇功效等,堪称集动物学研究的宗教、文学和科学观点之大成。穆斯林对这部动物趣书爱不释手,不仅从中了解了各种动物的生活习性,还认识了真主的智慧,甚至因司法审判需要了解《古兰经》提及的动物知识时,也要查阅这部动物学经典作品。它实为伊斯兰世界现存的动物学著作中最完整最系统的经典之作。

穆斯林动物学较为重视实用,从献祭、放牧、狩猎到兽医学的应用知识,皆是在日常生活实践中不断积累起来的。穆斯林特别重视对马的研究,有关著作颇丰,不胜枚举。有趣的是,突厥游牧民对马特别的钟爱,甚至给马加封圣誉。奥斯曼帝国苏丹奥斯曼二世的御马被封为"圣马",死后葬在于斯屈达尔,后来这里成为医治病马的场所。许多穆斯林医生和兽医,也是出于实用目的而转向动物研究的。在穆斯林的医学著作中,可找到很多动物学方面的珍贵资料。穆斯林通过对动物的研究,不仅了解了动物世界,也深化了对人类自身的认识。

穆斯林自然史研究反复出现的主题之一,是关于矿物、植物和动物三类物种存在等级制度的描述和解释，这实际上是传统宇宙论的重现和应用，带有新柏拉图学派"流溢说"的明显烙印。这一指导思想以及微观宇宙和宏观宇宙的一致性，都在自然领域的研究、著述中得到体现。精诚兄弟社和伊本·西那便是从事这类研究的代表。他们根据一种完善的等级归类原则，将每类自然物都予以多层次的划分。矿物界的等级制度是从具有典型固态特性的物质开始，依次排列到那些类似于植物体的无机物；植物界从类似于矿物变化的苔藓和水藻直到类似于动物体、具有雌雄两性区别的棕榈树。动物界也是如此，其最高等级的动物则是那些在智力上类似于人类的动物物种。穆斯林学者是以智力上的相似度而非解剖学上的相似性为依据来划分动物的等级。由此精诚兄弟社认为，大象而非类人猿才是在物类存在等级中仅次于人类的物种。此外，穆斯林学者还认识到，在物类等级制度中，地球上的各类生命形态在产生时间上有先后之分。然而，他们从不相信生物进化论，认为那种适者生存、遗传变异的生物进化论是一种自然神论观点。在穆斯林看来，真主是造物主，是宇宙万物的主宰者，而任何形态的自然神论观点都是荒谬的。

四、伊斯兰科学

3. 理论科学

（1）数学

每当人们谈及伊斯兰文明时，首先想到的便是阿拉伯数字。任何关于伊斯兰科学的第一手知识，都显示出数学在伊斯兰文明中的"特殊地位"。

穆斯林对数学，尤其是对几何学和数字的偏爱，与伊斯兰教信仰有着直接的关系。真主被尊奉为独一主宰，数字系列中的"一"便成为真主最径直明了的象征。在虔诚的穆斯林看来，数字系列本身还是个阶梯，人们沿着它从纷繁驳杂的人间逐步上升到真主的圣洁、统一的境界。认主独一，就是从"多"向"一"的过渡。

人们认为，在毕达哥拉斯的数字和几何图形概念与阿拉伯穆斯林所固有的某些智力思维定式之间存在着亲缘关系，这是阿拉伯数学得以发展的内因之一。毕达哥拉斯的学说很快便被伊斯兰化，这是因为在伊斯兰世界已经存在一种可称为"亚伯拉罕式的毕达哥拉斯学说"这样一种思维定式。在这种定式中，数字与图形的象征意义显露无遗。按照伊斯兰教神秘主义的解释，这种象征意义正是真主的一种启示。与阿拉伯字母的神秘化相联系的这种数字象征论，是由一位名叫塔里布的学者创立起来的，据说它与《古兰经》中某些经文的内在含义有着密切的联系。毕达哥拉斯的传统数学为神秘的真主启示的表述，提供了一种媒介。

在伊斯兰世界，从高深的数学论著到家庭中日用的陶器，人们都会察觉到与传统数学直接相关的一种和谐。音乐甚至也被归类为数学的分支学科。实际上，不仅穆斯林的音乐、诗歌体现了严谨的数学原理，而且在造型艺术中，从地毯造型到清真寺饰物装璜的设计，也都闪烁着几何学和数字的耀眼光辉。数学在伊斯兰艺术中的普遍应用，已成为使一般物品得以映现出"原型世界"，使之转化为神圣艺术品的一种方法。穆斯林民族的数学不同于现代数学，它并非与物质世界，而更多地是与生物形态世界或宗教观念中的"原型世界"发生联系。因此，它所揭示的是自然界的原理，而不是物质世界的结构。此外，穆斯林数学在艺术与建筑上表现出的明显的统一性，有助于人们加深对和谐、统一的了解，据以认识纷繁驳杂的造化物与独一无偶的真主之间的关系。伊斯兰造型艺术和视听艺术（特别是诗歌和音乐）对数学的偏

四、伊斯兰科学

爱和依托,导致在阿拉伯文和其他穆斯林民族语文中形成一种语言与思维的"代数"、"代码",使数字符号含有神圣的宗教象征意义。

阿拉伯数字约于10世纪由伊斯兰世界传入欧洲,并在西方引起巨大的影响,致使某些历史学家将其深远意义与欧洲北部游牧民转向定居的意义相比拟。到11世纪,十进位制的计算方法已在穆斯林世界广泛应用,后来又传入西方,对西方人的生活和思维,包括从纯数学到商业贸易等各方面都产生了深远的影响。穆斯林几乎继承了古代美索不达米亚、埃及、希腊、波斯和印度的所有重要的数学思想,据以创建、发展了伊斯兰—阿拉伯数学。比如,阿拉伯数字便是从印度数字借用来的。伊斯兰教初期,波斯的穆斯林从梵文资料中掌握了印度数字,以后他们又把印度数字发展成阿拉伯数字,并逐渐在穆斯林世界广泛应用。阿拉伯数字后来经马格里布(北非)传入欧洲。最早向西方介绍阿拉伯数字的著作,是穆萨·花拉子密(?—840)的《印度算术加减法》。该书原文版本已散失,现仅有译本流传于世,它不仅对西方的数学有重大影响,而且丰富了西方的语言。如英语中的算法(algorithm)一词,便是花拉子密(al-khwārazmi)名字的谐音词,西班牙文的算法(guar-

101

ismo)一词亦同出此源。还有英文中的"零"字（cipher）也是源自阿拉伯文（sifr）。

穆斯林对数学的贡献是多方面的。他们不仅丰富了关于数字和数学的哲理，赋予数字和数学以新的含义，而且创造出新的计算方法。他们在继承古希腊欧几里德几何学基础上，发展了平面几何和立体几何，解决了很多前人遗留下来的难题。他们还把几何学与代数学相结合，试图用几何学原理解决代数问题。穆斯林非常重视几何图形的象征意义及其在艺术和建筑中的应用，尤为注重体现真主造物——人类智慧的定性几何学。

以直角三角形的边角关系为基础的平面三角学和球面三角学，也是由穆斯林创立起来的，他们率先明确阐述了三角学的意义。早在 9 世纪，巴塔尼（858—929）在他的天文学著作中已开始应用三角学知识，阿布·瓦法还对球面三角学作过深入的研究。最早提出正切概念的是同一时代的哈斯伯，他对正弦、余弦和余切也颇有研究。早期三角学最重要的突破，是阿布·瓦法率先提出的普通球面三角的正弦定理。事实上，拉丁文正弦一词"sine"便是阿拉伯文"jayb"一词的直译。他还首先阐述了正割概念。穆斯林天文学家比鲁尼对三角学也有重要建树，他的

《天文学入门》是迄今所知第一部论及球面三角学的著作。图西（995—1067）对三角学的发展也颇有贡献，三角学理论的系统化应归功于他，他的《扇形论》被公认为是第一部三角学专著。历史上还有众多穆斯林学者，其中多为数学家和天文学家，都曾对三角学的发展作出贡献。可以说，三角学完全是由穆斯林学者创立和发展起来的。

代数学实际上也是穆斯林学者创建起来的学科之一，仅从代数一词的名称便可看出它的起源（英文代数一词 algebra 源自阿拉伯文的 al-jabr，代数中的未知数 x，最初也是源自阿拉伯文"shay"，后经西班牙文才转化成 x）。早期阿拉伯的穆斯林通过希伯来文著作，了解了古希腊、印度和巴比伦的数学知识，但真正建立起代数学的，当属 9 世纪的波斯穆斯林学者花拉子密，他的代数学著作后来被译成拉丁文而为欧洲人所了解。

（2）天文学

传统伊斯兰科学中的天文学，涉及对恒星和行星的观测、行星运行的计算以及天文仪器的构造和使用等内容。天文学与占星术这两个词语在希腊文中可以互换，近似于同义词；在阿拉伯文和波斯文中，也没有多大分别。但有些哲学家仍把天文学归类为数学的分支，而把占星术划归自然哲学或"神秘学"范围。伊斯兰天文学主要是源自古希腊、印度和波斯的知识传统，但伊斯兰教产生前古阿拉伯人的传统影响也不容忽视。生活在沙漠中的阿拉伯游牧民很早就有观测太空的传统，习惯于靠星辰来断定游牧和旅行的方向，他们对恒星和星座的了解，甚至超过受过教育的现代城市居民。

观天象是伊斯兰天文学最重要的内容之一。其目的在于认识太空。穆斯林天文学家对天象的观察涉及到天文学的各个方面。他们发现了很多新的星体并编纂出新的星体目录，黄道的倾角也得到重新测量；他们还观察到太阳远点的运动，并把它与恒星的运动联系起来考察，对行星的运转也有重要的发现和认识。伊斯兰世界最早的天文观测活动，可追溯到8世纪。当时，波斯人纳哈万迪在波斯的朱迪夏浦尔对太阳的运动作了首次天文观测。1259年建成的波斯马拉盖观象台是天文学史上最早的专事天文观测的科研机构，它的建成使观象活动走向正规化，从此天文观测史步入了新的发展阶段。

穆斯林对天文观测设施的建设和仪器的制作都有浓厚的兴趣。他们一展艺术才华，创造出很多具有典型的伊斯兰风格的科学艺术精品，大至建筑设施，小

四、伊斯兰科学

到观测器具,既有科学实用价值,又有优美的艺术造型。伊斯兰世界各地的清真古寺,有不少都装饰有造型各异的日规。最早的装饰有天文图像的建筑,是倭马亚王朝(661—750)的饰满群星图案的王宫,以后在波斯的伊斯法罕等地相继出现了很多类似的建筑。最重要的伊斯兰天文仪装置当属星盘,它是由天体仪的极射赤面投影组成的。这种多功能的装置,用类似六分仪的方法便可测定恒星、太阳、月亮和其他行星的高度,还可用来指示时间、测量山高和井深。穆斯林总共研制出三种星盘:一种是常见的平面星盘,另一种是纳西尔丁·图西发明的线性星盘,还有一种是立体星盘。此外,经常使用的天文观测装置还有平经象限仪、经纬仪及天体仪等。

伊斯兰天文学的另一重要方面,是把数学应用于天文学,成为研究天体的一种新方法。穆斯林科学家善于应用正弦原理和三角学知识,因而在观测中能获得更高的精度。他们还完善了行星运动的计算方法。穆斯林天文学家们试图完善托勒密的天文学,并对他的学说作某些修正。他们修正了托勒密对周日运动的解释,增添了第九层天,用来解释周日运动;修正了托勒密地心说,而以亚里士多德的天文学理论和图西等人的研究成果为据,论证了地

伊斯兰教育与科学

球并不处于宇宙的中心,这对天文学的发展、尤其是对16世纪西方对地心说的批判,都曾有过一定影响。穆斯林天文学家在古希腊天体测量的基础上,测绘出关于行星和恒星距离的图表。他们还把托勒密关于太空的数学模式改变为"物质"的模式。早在伊斯兰教初期,穆斯林天文学家伊本·海赛姆在他的《天文学概论》中,就曾提出天空的"物质"模式,这部著作至今仅存有希伯来文和拉丁文译本。太空模式论的转变,对后世的东西方著名的天文学家都曾产生过巨大影响,以至在中世纪后期和欧洲文艺复兴时期,人们都认为,科学的目标就是要揭示物质实在的一面。

穆斯林天文学家们对伊斯兰文明乃至世界文明的贡献,可概括为以下几个方面:他们创立了历法,编纂了历书和麦加指南等,用以满足伊斯兰社会物质生活和宗教生活的需求;他们发展了计算精度极高的天文学。例如,花拉子密在前人成果基础上制成的天文表;穆斯林天文学家们为观测天象制造的星盘、象限仪(四分仪)、平纬仪、方位仪、天体仪、地球仪、观象仪、日规等天文仪器和装置。伊斯兰天文学不仅对西方的天文学,而且对印度和中国的天文学的发展也起过重要的推动作用。

四、伊斯兰科学

（3）物理学

今人所使用的物理学一词，是属于近现代的科学概念。在古代和中世纪，物理学的内容一般归类于自然哲学范畴，牛顿便把自己看作是自然哲学家，穆斯林学者亦不例外。在传统的伊斯兰科学中，并不存在现代意义的物理学学科。但在伊斯兰科学史上曾产生过众多的自然哲学的理论流派。

穆斯林自然哲学家们对时空、物质及运动的本质的研究都曾作出过杰出的理论贡献。其中知名度最高的是以伊本·西那和图西为代表的阿拉伯亚里士多德学派的理论。这一学派继承和发展了亚里士多德关于时空与运动的理论，曾在以后的物理学发展史上产生很多重要的成果。其次是以拉齐、比鲁尼和巴格达迪为代表的反亚里士多德学派。拉齐发展了一种独立的关于时空理论的宇宙学，他还提出了一种特殊形式的原子论；比鲁尼曾对亚里士多德物理学的很多基本假设如形式质料说等提出批判，主张利用推理和对自然现象的观察与实验手段来认识自然物理现象；巴格达迪是位犹太哲学家，后来改奉了伊斯兰教。他不仅批判了亚里士多德的抛体运动理论，还深入研究了落体加速度。还有一类主要的理论流派，系由逊尼派和什叶派的学者组成。宗教学者涉猎自然哲学，并非出自对自然哲学本身的兴趣，而是因为他们对宗教神学的研究不可避免地要涉及自然物理现象。逊尼派的理论以穆尔太齐赖学派和艾什尔里学派为代表，他们提出了一种独特的原子论宇宙观；而什叶派的观点则是由伊斯玛仪派和十二伊玛目派所提出，他们发展了独具特色的"自然哲学"。还有一个流派是以苏非神秘主义者苏哈拉瓦迪（？—1191）为代表，称为"照明学派"。他以真主之光来解释宇宙万物。他的这种"光的物理学"理论批驳了亚里士多德的形式质料说，认为世界的本原和实质是光，为真主所创。以苏哈拉瓦迪为代表的"照明学派"发展了关于宇宙的象征论学说，带有浓重的神秘主义色彩。最后还应提及的是以波斯学者穆拉·萨德拉（？—1640）为代表的"超验神智学派"（又名伊斯法罕学派），其理论基础主要是伊本·阿拉比（1165—1240）的苏非神秘主义、苏哈拉瓦迪的"照明哲学"和晚期什叶派宗教哲学，该派至今在伊朗仍有很大影响。穆拉·萨德拉提出了超物质运动的宗教哲学观点，主张用神秘体验来解释宇宙万物，故与亚里士多德视运动为物体的物质属性的观点相左。

穆斯林学者在力学和动力学上也多有贡献，他们曾提出了关于物体运动的极为重要的理论概念。伊

四、伊斯兰科学

本·西那提出了倾角概念,借以解释抛体运动,而这正是亚里士多德物理学的薄弱环节。穆斯林学者在动力学、重量研究等领域的理论建树,曾对近代西方自然科学家如伽利略和牛顿的很多科学思想产生过影响。但由于伊斯兰科学知识框架的局限,穆斯林学者未能对物理学作出理想的科学性的解释,一般只停留于对自然界的象征性质的认识水平。

穆斯林在光学上的贡献,主要应归功于伊本·海赛姆。他于10世纪为这门学科奠定了新的基础,使之更加系统,因此被誉为"光学之父",成为光学史上欧几里德与开普勒之间最重要的人物。曾撰写过很多光学著作,而以《光学之书》最为重要。这部著作曾对西方光学、特别是开普勒和牛顿的光学研究产生过影响。他在反射光学、折射光学和大气现象研究中都曾作出突出贡献。他曾对眼睛作过解剖并进行生理研究,揭示了眼睛各部分的关系以及在观看过程中眼球的折光作用。海赛姆最先证明了折射的第二定律,即入射线、法线和折射线处于同一平面上。光学中关于球面镜的"阿尔海森问题"正是以海赛姆的名字命名的,他利用几何学原理解答了这一问题。另一穆斯林学者库特布丁,曾根据伊本·海赛姆的光学理论成功地解释了彩虹的成因,指出彩虹是阳光透过

伊斯兰教育与科学

大气水珠发生折射和反射的效果。海赛姆在光学实验上也有佳绩。他曾自己设计制造了一个车床，用来加工实验用的透镜。他最早用数学方法研究暗箱，并通过实验首次证明了光线是沿直线运行的科学论断。海赛姆以数学分析和实验论证见长，被当代科学史学家们誉为杰出的物理学家。

穆斯林在应用物理学方面，也表现出很高的聪明才智。伊斯兰地区发达的贸易活动，促进了穆斯林对度量衡知识和测量手段的开发和利用。伊斯兰教商法中对度量衡有明确的规定，在传统的穆斯林城镇中，皆有专职官员负责商业交易中各种计量单位的正确解释。穆斯林对阿基米德的著作也很熟悉，阿基米德原理几乎是家喻户晓。哈兹尼（960—?）就曾根据阿基米德原理及穆斯林前辈学者的知识，提出了测量特殊物体重量（如合金物中的金、银比重）的公式并制作了天平，他还注意到温度对物体密度的影响。

许多穆斯林学者都曾从事简单机械原理的应用研究，研制发明了很多机械装置，如风车、水车等，为解决灌溉等很多实用技术作出了贡献。穆斯林的能工巧匠制造的机械装置，大多充分地利用当地的自然力和人力技巧，有利于维持自然环境的生态平衡。在对待技术发明与自然环境的生态平衡的关系上，穆斯林和中国人或许有着某种共鸣。中国人很早就发明了火药，但并未用来制造杀害生灵的枪炮，穆斯林同样也没有发展技术以便制造出可能破坏生态平衡的各种机械装置。穆斯林的传统技术制作，主要是为了满足日常生活需求，如制作农业机械和交通工具；也有些是供王公贵族玩赏的，如钟表、玩具等。此外，还有一些更复杂的机械装置，是用来演变魔术和施展魔法的。

4. 应用科学

（1）医学

伊斯兰传统医学及其相关学科，如药物学、养生学、外科手术等，从古希腊、埃及、波斯和印度的医学中吸取了丰富的营养，继而发展成为门类齐全，历史悠久、影响广泛的医学体系。它是一门应用科学，也可以说是门艺术，涉及从饮食到沐浴等日常生活的各个方面。伊斯兰教法中关于礼仪洁净、可食之物等许多有关身体健康的规定，都与传统医学有关。

最初在伊斯兰地区行医的多为基督教、犹太教徒或琐罗亚斯德教信徒。后来受其影响，穆斯林社团也培养出自己的医生。穆斯林医生称为"哈基姆"（意即智者哲人），他们不仅精通医道、为穆斯林行医治病，其自身往往又都是哲学家。早期的伊斯兰哲学家从铿迪、伊本·西那到伊本·路世德（1126—1198），他们大多是医术高超的名医，其中像拉齐和伊本·西那都曾被誉为医学权威。由此可见，穆斯林的医学总是与伊斯兰传统科学，特别是与伊斯兰哲学密不可分的。

一般的医学理论是在经文学校（马德拉萨）里向学生传授的，而临床方面的外科、药物学知识则是在医院附属的医校内教授。有些名医也在家中进行私塾式的医学教育。还有一些与药物学有关的医学知识，是在药店里传授的。在医学教育方面，伊斯兰教沿袭了犹太教或基督教的祖传医术的传授方式，这种传统医学的教育方式曾对伊斯兰文明的传播和发展起过重要作用。如西班牙的伊本·祖赫尔家族、波斯和伊拉克的伯赫迪舒家族等著名的医学世家，数百年来都曾培养出很多名医。

穆斯林医院的机构建制，最初是沿袭波斯和拜占廷的医院，医院与医疗教学相结合，是古希腊、埃及、波斯和印度医学向穆斯林传播的主要途径。据说，穆斯林开始建立医院是在瓦立德一世（705—

四、伊斯兰科学

715年在位)时期。但第一个设备齐全、名副其实的医院,当属哈里发哈伦·拉希德(786—809年在位)时期在巴格达创建的医院。该院后来名医云集,成了医疗中心和医学教学研究中心,巴格达的很多医院都是以该院为楷模创建的。穆斯林医院的发展也呈多样化趋势,有治疗各种疾病的综合性医院,也有为麻疯病、精神病患者甚至为动物提供特殊医疗服务的专科医院。大的医院一般都附设有图书馆、演讲厅和其他教学设施,使医疗与教学活动相结合。

伊斯兰传统医学实践还与药房和药店有密切关系,药商往往要比正式行医的医生更多地参与日常医疗服务。直至今天,伊斯兰国家一些传统的药商仍可满足顾客的一般性医疗服务需求,还能为那些尚未恶化的常见病提供药物治疗。穆斯林的沐浴被认为具有重要的医疗价值,它是传统医学保健的一部分。伊斯兰教法要求穆斯林在礼拜前应履行净身仪式,因此沐浴用的浴池在穆斯林居住的地方很早便被兴建起来。直到现在,凡属穆斯林集居区,不论是大的城镇还是小的村落,都有公共浴池以满足这方面的需求。据说,伊本·西那和拉齐都曾用沐浴方式治愈某些疾病。传统的穆斯林沐浴通常要用几个小时,除洗浴、按摩和仪式性的净身外,还要喝一种特殊的饮料,并

伊斯兰教育与科学

在有蒸气设备的室内或凉快的房间静待片刻。医生便是利用这种沐浴方式来治疗各种疾病，不仅可治头疼，还可壮阳健身。土耳其桑拿浴的疗效早已举世公认。

伊斯兰医学理论与伊斯兰教的形而上学、宇宙学和哲学密切相关。医学的对象是人，而古阿拉伯人将人看作存在的象征，是个微观宇宙。传统穆斯林医生把人体看作是灵魂的外延，它与精神和灵魂紧密相关。人被视为真主创造的宇宙万物中最高尚的生灵，他不只是有血肉之躯的物质的人，也是有精神和灵魂的高尚人。因而对人体的认识也包含对精神、灵魂及人与真主关系的认识。故穆斯林传统医学重视天人感应之说和精神疗法。此外，伊斯兰医学理论还特别注重宇宙力的交叉作用与相互关系，及其对人的影响。所以伊斯兰医学理论如果不按照伊斯兰的形而上学和宇宙学观点来解释，那么它的原理就无法理解，它的历史成因和发展脉络也就无从认识。

伊斯兰医学史上，曾出现过众多著名的穆斯林医生。据说最早的穆斯林医生是穆罕默德的圣门弟子，名叫伊本·卡拉达。他曾在当时的医学中心塞密斯图学习，还曾与萨珊国王谈论过健康问题。在麦地那期间，先知穆罕默德曾让他给很多病人诊治。阿拉伯文

四、伊斯兰科学

最早的医学译著出现于倭马亚王朝的哈里发麦尔旺一世（？—685）统治时期，当时巴士拉的一位犹太医生将《学说汇纂》（一译《法学汇编》）译成阿拉伯文。到8世纪，巴格达开始出现众多的穆斯林医生，自此它便取代了塞密斯图而成为伊斯兰帝国的医学中心。

伊斯兰早期医学史上较著名的医生有马萨维伊（Māsawayh）、胡纳因（Hunayn）、塔巴里（Tabari）等人，他们都是在巴格达成名的。马萨维伊是8世纪后半叶巴格达的一位名医，他专长眼科。9世纪初的胡纳因是他的弟子，他是位阿拉伯的基督徒，精通阿拉伯语、希腊语和古叙利亚语。他曾将很多重要的希腊医学典籍，特别是希波克拉底（古希腊医师，素称"医学之父"）和盖仑的著作翻译成阿拉伯文。此外，他还撰写过两部眼科专著，被认为是最早的系统论述眼科的著作。胡纳因的译著对伊斯兰的医学实践、理论研究和教学，都有着直接的影响。9世纪初的塔巴里是波斯人，后随家迁至巴格达，并改奉伊斯兰教。所著《智慧的天园》是第一部系统的伊斯兰医学专著。本书不仅论及一般的宇宙学原理，还介绍了医学的各个学科，尤以解剖学和印度医学更为重要。塔巴里和胡纳因是伊斯兰医学的开拓者，为伊斯

伊斯兰教育与科学

兰医学的发展奠定了基础。

拉齐（865—925）被公认为最伟大的穆斯林医生，特别是在医学实验与临床医学方面，他都作出了突出的贡献。他曾主持过巴格达总医院的工作，不仅有丰富的实践经验，而且知识渊博，一生著述颇多。据科学史学家比鲁尼所记，拉齐共撰写过184部著作，包括56部医学或相关学科著作。其中最重要的是他的百科全书式的著作《哈威》（al-Hāwi），系以他自己的日常临床经验为基础，侧重于观察和实验而非理论探讨。他的另一部名著是《论天花和麻疹》，被译成拉丁文后在欧洲受到普遍重视。拉齐的医学成就堪称伊斯兰医学史上的一座重要的里程碑，其影响在整个伊斯兰世界乃至西方都是难以估量的。

10世纪至11世纪，伊斯兰世界曾出现几位著名的医学权威，其中有东部的麦朱西和西部的扎赫拉维。麦朱西是波斯人，曾任巴格达一所著名医院的院长，长于内科研究。而安达卢西亚的扎赫拉维是位著名的外科医生，他曾系统地论述过外科学。然而，这一时期最杰出的医学大师当首推伊本·西那（拉丁名阿维森纳，980—1037）。他出生于中亚布哈拉城附近的阿夫沙纳镇（今乌兹别克斯坦境内）一穆斯林小官吏家庭，在老师和父亲的指点下，他18岁便成为有名的医生，后潜心行医和著述，足迹遍及波斯和中亚各地。伊本·西那的医学巨作是《医典》，它堪称中世纪的一部医学宝典，代表了当时阿拉伯医学的最高成就，伊本·西那因此被誉为"医圣"。这部百万字巨著共分为5卷37章，内容涉及医学概论、生理学、病理学、诊断治疗方法、处方学等，曾对东方医学产生广泛的影响。该书原文是阿拉伯文，后被译成波斯文、土耳其文、乌尔都文，以后又相继译成希伯来文、西班牙文和拉丁文。伊本·西那还充分利用他的医学知识和临床经验，成功地进行了很多新的医学观察和研究，其中包括脑膜炎的发现、流行病的传播方式以及肺结核的传染性等。

继伊本·西那之后的另一位著名的穆斯林医生，是13世纪的叙利亚人伊本·那菲斯（1213—1288），他被誉为"伊本·西那第二"。他最早提出了血液微循环理论，为医学史上最重要的发现之一。当时许多伊斯兰文化中心虽因蒙古铁骑入侵而遭到破坏，但医学事业仍得以发展。伊尔汗王朝统治波斯时期，身居高位的名医法德勒·阿拉（？—1348）曾以巨大的精力致力于医学事业的复兴，他创建了一所以医学为主的大学，还鼓励、赞助医学著作的撰写。如《伊尔汗时期中国科学与艺术概览》便是在他的赞助下编写的,它也是伊斯兰医学文献中迄今所知唯一一部有关中国医学的著作。

近代以后,伊斯兰传统医学在西方医学的强劲冲击下日渐衰弱。现在,除在印巴次大陆传统医学仍有广泛影响外,在伊斯兰世界其余地区,如伊朗、伊拉克、叙利亚和埃及,都以西医为主,西方的药品也充斥于这些国家的销售市场。然而就药物学来说,现在又呈现出西药与穆斯林传统草药相结合的新趋势。

(2)农业与水利建设

伊斯兰世界很大一部分地区是以农业经济为主。发展农业得到伊斯兰教法的肯定,许多著名的圣徒和宗教学者都参加农业生产。此外,圣训也赞赏和鼓励发展农业,有一则圣训提到,即使世界末日即将来临,能种植一棵果树仍不失为一种功德。

伊斯兰世界的农业生产,经过穆斯林各族人民世世代代不断的开发,已达到很高的水平。随着伊斯兰教向世界各地的传播,穆斯林民族的农业生产技术和农产品也广为传播,像咖啡、棉花、甘蔗以及各种甜瓜等,都是由伊斯兰世界传到欧洲甚至美洲的。在欧洲的西班牙,穆斯林完全改变了当地的农业生产方式,引进了很多新的农作物,如西班牙的园林建设便完全是波斯式样的,农业食品加工也深受东方穆斯林

四、伊斯兰科学

的影响。

果树的栽培与水果的生产在穆斯林的传统农业中占有特殊地位,水果至今在穆斯林的日常饮食中仍是不可缺少的佳品,而在医学上的疗效尤为突出。因此,穆斯林总是通过嫁接等技术来改良水果的品质,以各种方式来培育新品种。在《古兰经》所描绘的天园美景中,水果的象征意义十分明显,种植果木不仅有经济实效,也含有宗教意义。有些水果像石榴和桑葚,都有特定的宗教象征含义。

水利建设在穆斯林的农业发展中具有重大意义。伊斯兰世界除个别地区如阿拉伯半岛南部、苏丹、波斯北部等地因受季风和亚热带气候影响,雨水较充足外,它的大部分地区属于干旱地区,因此水利成为农业发展的命脉。穆斯林极其重视水源的利用,水利建设成为伊斯兰科学文明中最发达的一个应用技术领域。不仅如此,水利建设还丰富了伊斯兰科学的理论内容,这从阿拉伯文"几何学"(handasah)一词的词源便可一目了然。该词源于帕莱威语的"水渠测量"(handāzah)一词,意即水渠或简单的水利建设方面的计算和测量。

穆斯林科学家们吸收、借鉴了世界多民族的水利建设成果。例如,古埃及人测量尼罗河水位涨落的传统方法，在阿巴斯王朝时期继续受到重视，当时曾沿尼罗河两岸建有测量水位的设施，这一水文测量技术留传至今，已有数千年的历史。在伊斯兰世界的许多地区，穆斯林的水利科学家们都极为重视解决供水问题，采取了筑坝拦河、兴修水渠、掘井、造戽水车和挖运河等办法。在北非的突尼斯，至今还可以看到古老的水库建筑遗址，其大坝部分是由碎石和沙浆建成，也有的是由石块和灰浆筑成盒状结构。水渠是水库的配套工程，穆斯林在筑坝建水库的同时，还修建了很多引水渠，将水库、河流和山泉水引入城乡，供人们使用。伊斯兰世界最早的水渠是哈里发穆阿维叶（661—680年在位）时代在麦加修建的引水渠，它为圣城提供了水源。在其他穆斯林地区，萨珊王朝的波斯人、古埃及人和拜占廷人在水利建设方面的经验知识也都得到广泛的应用。如在西班牙和波斯，都修建了四通八达的高架水渠网，大部分仍沿用至今，堪称世界水利建设的奇迹。

为了满足农业和其他方面的用水需求，穆斯林科学家们还制造了以风力、水力、畜力和人力为动力的多种戽水车。叙利亚的穆斯林继承了拜占廷人的戽水车制造技术，至今在叙利亚的哈马省仍在使用这种戽水车。古波斯的掘井技术也很快被穆斯林掌握，因为

四、伊斯兰科学

如果没有井水，波斯很多地区的人们便无法生活。波斯人曾发明了一种叫"坎那"（qanāt）的地下供水系统，用以解决干旱地区的供水问题。"坎那"系统是由成百上千个间隔一定距离的竖井构成，竖井下由地下水渠相连，一般长达数英里，最长的可达数十英里。这种供水设施至今在波斯和阿富汗的很多干旱地区仍在使用，可谓伊斯兰水利建设的杰作。"坎那"水系工程被波斯穆斯林赞誉为圣女（先知穆罕默德之女）法蒂玛的天赋杰作，是真主恩赐的礼物。

不论是在干旱地区的"坎那"地下水系，还是在像伊斯法罕这样的地上江河的分流水系中，数学和工程技术科学都得到了充分的应用和发展。穆斯林在水利建设方面的成就，包括农田灌溉和城市供水等宏伟的工程建设，是伊斯兰文明在物质建设方面最突出的成就之一。

（3）炼金术

穆斯林不仅在科学的认知和实践上作出了突出的贡献，对被视为"伪科学"的"秘术"，他们也曾锲而不舍地予以探索。伊斯兰教的"秘术"主要包括炼金术、相术和占卜（如泥土占卜）等。它们之所以被归类为"伪科学"，是因为它们使用的是神秘的象征语言。炼金术是最主要的秘术，而传统的炼金术实际上是一种看待事物的完整方式,既包括对宇宙的看法,这一般与冶金术有关;又包含对灵魂的认识,这往往涉及精神心理疗法。所以炼金术一度又被认为是一种科学和一种方法。炼金术以"相互兼容"的理论为基础,认为万物的存在方式是"你中有我,我中有你",所以,一事物与他事物是可以相互转换的,不光是事物的一般属性可以转换,本性也可以改变。所谓炼金术,是指在一种以点金石为象征的精神力量面前改变物质的形态和性质的一种秘术,但物质改变的前提是人的内在精神的转变。从表面上看,炼金术与物质世界,特别是与矿物和金属密切相关,可以说化学的发展史离不开炼金术;但从本质上讲,炼金术并非原始化学,亦非纯粹的心理学,它是利用炼金术过程中形成的矿物金属等物质的变化,来促进人的灵魂的转变。

伊斯兰炼金术体现了一种关于本质的哲学,它与古希腊赫尔墨斯神智学的一般哲理,与关于矿物和金属转变成金的特殊原理都有密切的关系。这种关于本质哲学的理论是以亚里士多德的形式质料说为基础,认为宇宙万物来源于四种原质和四种原素。四种原质分别为热、冷、干、湿,四种原素为水、土、气、火。四种原质通过相互转换,结合为两种本原,即硫

四、伊斯兰科学

和汞。不过，这里所说的硫和汞并非通常意义的矿物质，其含义类似于中国传统哲学思想中的阴阳，二者结合乃有宇宙万物。譬如，按照炼金术的理论，硫和汞两种本原以不同比例相融合，在某种神秘因素作用下，便可产生各种不同的金属矿物。这四种原质、四种原素和二种本原的相互关系如下图所示。

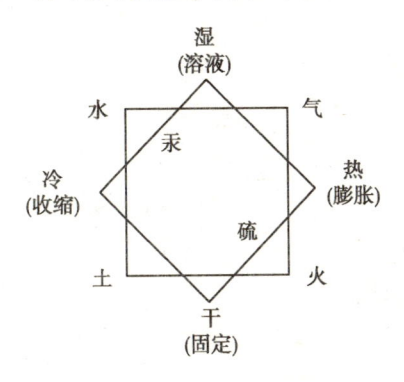

```
              湿
            (溶液)
        水         气
           汞
      冷              热
     (收缩)          (膨胀)
           硫
        土         火
              干
            (固定)
```

伊斯兰教历史上，穆斯林学者对炼金术的效能曾长期争论不休，褒贬不一。正统的宗教学者大多反对炼金术和一般的秘术，而多数自然哲学科学家和医生，尽管他们也不相信一般金属能变成黄金，却接受了炼金术的基本观点；亚里士多德学派一般也都蔑视炼金术，而照明学派则持肯定态度。如伊本·西那就曾明确表示，他不相信炼金术士能把普通金屑变为黄金，然而他却赞同炼金术关于金属构成的理论，他的名著《治疗书》中关于金属构成的学说，便是以炼金术的硫汞融合的理论为基础。

伊斯兰炼金术继承了古代东方的炼金术传统，主要是以亚历山大为中心的赫尔墨斯神智学和中国的炼金术。穆斯林最早的炼金术士是倭麦亚王子哈立德·伊本·叶基德。8世纪初，炼金术甚为流行，其代表人物是贾比尔·伊本·哈扬（721—776），他是什叶派六世伊玛目贾法尔·萨迪克（699—765）的弟子，其著作被伊斯玛仪派奉为经典。贾比尔的《七十本书》和《平衡书》，一直被视为伊斯兰炼金术的基础理论著作，是用阿拉伯文写成的关于炼金术最重要的文献。著名的穆斯林医生兼炼金术士拉齐，开创了炼金术的新时代。他被誉为将炼金术发展为古代化学的奠基人。拉齐对化学的重要贡献，在于他对物质的分类，即将所有物质分为矿物、植物和动物三大类。他还曾对很多化学变化过程，如蒸馏、煅烧、过滤等作过详细的描述。作为一名医生，他对化学医学也很有兴趣。传统医学史上，他是将酒精分离出来并用于医疗实践的第一人。

炼金术与苏非神秘主义关系更为密切。苏非神秘主义提倡信仰者个体精神上的修炼，故对有改变人的

四、伊斯兰科学

灵魂功效的炼金术格外重视，苏非主义表述这方面教义的很多术语都直接来自炼金术。时至今日，不仅炼金术的语言在苏非信徒中仍广为流行，在某些苏非教团中还盛行炼金术活动。此外，苏非主义所采用的精神心理疗法，与炼金术也有密切关系，这种疗法将炼金术视为一种关于灵魂的科学。

炼金术与伊斯兰艺术的关系也非同一般，传统的穆斯林诗歌和音乐，不仅深受苏非神秘主义的影响，还与炼金术观点融会贯通。这是因为据说炼金术可对人的灵魂产生影响，使其发生转变，而诗歌与音乐等艺术则与人的灵魂转变关系密切。此外，在伊斯兰建筑和工艺制品的造型艺术中，如书法和几何图案的表现形式，都离不开和谐，炼金术所讲的"平衡"、"协调"，在色彩的和谐、结构的匀称及其象征意义方面起着一种特殊的作用。所以，如果不了解炼金术对色彩效果、艺术造型等美学思想的影响，就无法欣赏帖木尔时代的清真寺建筑和萨法维时代的地毯、壁毯等艺术精品。炼金术是连接伊斯兰艺术的工艺技术与宗教精神和象征意义的桥梁，也是理解伊斯兰艺术内蕴的一把钥匙。

后 记

本书承蒙吴云贵同志精心修改,不仅润色了文字,还增添了部分知识内容。周燮藩同志为本书补写了"什叶派教育"一节。在此一并表示感谢。

作者